C.ПОПУДКІ, 1970

Contes choisis
De Perrault
Et de Mme d'Aulnoy.

616

Contes choisis

De Perrault et de Mme d'Aulnoy.

LA BONNE PETITE SOURIS. — LES FÉES. — LA BELLE AUX CHEVEUX D'OR. — RIQUET A LA HOUPE. — FORTUNÉE. — LA BARBE BLEUE. — LE PETIT POUCET. — CENDRILLON. — LE PETIT CHAPERON ROUGE. — LE CHAT BOTTÉ. — LA BELLE AU BOIS DORMANT.

A Paris,

Chez DELARUE, Libraire, quai des Grands Augustins, n.° 15 ;
Et à Lille chez CASTIAUX, Libraire, Grande place.

Imprimerie de BLOCQUEL, à Lille.

CONTES CHOISIS
DE PERRAULT ET DE M.me D'AULNOY.

La bonne petite Souris.

Il y avait une fois un roi et une reine qui s'aimaient si tendrement, qu'ils faisaient la félicité l'un de l'autre. Leurs cœurs et leurs sentiments se trouvaient toujours d'intelligence; ils allaient tous les jours à la chasse, à la pêche, au bal, à de grands festins, à la comédie et à l'opéra. Ils riaient, ils chantaient ; les sujets suivaient l'exemple du roi et de la reine ; on appelait ce royaume le pays de la joie.

Il arriva qu'un roi, voisin du roi joyeux, vivait tout différemment. Il était ennemi déclaré des plaisirs ; il ne demandait que plaies et bosses ; il avait une mine refrognée, une grande barbe, les yeux creux ; il était maigre et sec, toujours vêtu de noir, des cheveux hérissés, gras et crasseux. Pour lui plaire, il fallait tuer et assommer les passans ; il pendait lui-même les criminels. Quand une bonne maman aimait bien sa petite fille ou son petit garçon, il l'envoyait querir, et, devant elle, il lui rompait les bras ou lui tordait le cou. On nommait ce royaume le pays des larmes.

Le méchant roi entendit parler de la satisfaction du roi joyeux ; il devint si jaloux du bonheur de ce prince, qu'il résolut de rassembler une forte armée, afin d'aller dévaster ses états.

Lorsque tout fut prêt, il s'avança vers le pays du roi joyeux. A ces mauvaises nouvelles, ce roi ramassa tous ses gens d'armes, dit un tendre adieu à la reine, et partit.

Quand elle l'eut perdu de vue, elle se mit à pleurer douloureusement. Hélas ! disait-elle, je suis grosse ; si le roi est tué à la guerre, je serai veuve et prisonnière. Un matin elle vit venir un courrier. Elle l'appela : Hô, courrier, quelle nouvelle ? Le roi est mort, s'écria-t-il ; la bataille est perdue, le méchant roi arrivera dans un moment.

La pauvre reine tomba évanouie.

Voilà que tout d'un coup le méchant roi entra, et monta dans la chambre de la reine. Quand elle le vit, elle s'enfonça dans son lit. Il l'appela deux ou trois fois ; mais elle ne disait mot, il se fâcha, la découvrit, et lui arracha ses cornettes. Ses beaux cheveux tombèrent sur ses épaules ; il en fit trois tours à sa main, et la chargea sur son dos comme un sac de blé : il l'emporta ainsi. Elle le priait d'avoir pitié d'elle ; il s'en moquait.

Il l'emmena en son pays, et jura, pendant tout le chemin, qu'il était résolu de la pendre ; mais on lui dit qu'elle était grosse.

Il lui vint alors dans l'esprit que, si elle accouchait d'une fille, il la marierait avec son fils ; et, pour savoir ce qui en était, il envoya querir une fée. Étant venue, il la régala mieux qu'il n'avait coutume ; ensuite il la mena dans une tour, au haut de laquelle la pauvre reine avait une chambre bien petite et bien pauvrement meublée.

La fée, en la voyant, fut attendrie, et lui dit en l'embrassant : Prenez courage, Madame, vos malheurs finiront ; j'espère y contribuer. La reine fut un peu consolée par ces paroles. Allons, pas de conversation, dit le méchant roi, je vous ai amenée ici pour me dire si cette esclave est grosse d'un garçon ou d'une fille, la fée répondit : Elle est grosse d'une fille, qui sera la plus belle princesse que l'on ait jamais vue : elle lui souhaita ensuite des biens et des honneurs infinis. Si elle n'est pas belle, dit le méchant roi, je la pendrai au cou de sa mère, et sa mère à un arbre. Après cela, il sortit avec la fée.

Le temps où la petite princesse devait venir au monde approchait, et les inquiétudes de la reine augmentaient.

Un soir qu'elle filait (car le méchant roi la faisait travailler jour et nuit), elle vit entrer par un trou une petite souris, qui était fort jolie. Elle lui dit : Hélas ! ma mignonne, que viens-tu chercher ici ? Je n'ai que trois pois pour toute ma journée. La petite souris courait deçà, courait delà, cabriolait ; et la reine prenait un si grand plaisir à la regarder, qu'elle lui donna le seul pois qui restait pour son souper. Tiens, ma mignonne, dit-elle, mange, je n'en ai pas davantage, et je te le donne de bon cœur. Dès qu'elle eut fait cela, elle vit sur sa table une perdrix excellente, et deux pots de confitures. Elle mangea un peu.

Le lendemain matin le geolier apporta de bonne heure les trois pois de la reine, qu'il avait mis dans un grand plat pour se moquer d'elle; la petite souris vint doucement, et les mangea tous trois, et le pain aussi. Quand la reine voulut dîner, elle ne trouva plus rien; la voilà bien fâchée contre la souris. Comme elle voulut couvrir le grand plat qui était vide, elle trouva dedans toutes sortes de bonnes choses à manger: elle mangea, mais en mangeant il lui vint dans l'esprit que le méchant roi ferait peut-être mourir dans deux ou trois jours son enfant, et elle se mit à pleurer. Quoi! disait-elle, n'y a-t-il point quelque moyen de se sauver? Elle vit à l'instant la petite souris qui jouait avec de longs brins de paille ; elles les prit, et commença de travailler avec. Si j'ai assez de paille, dit-elle, je ferai une corbeille couverte pour mettre ma petite fille, et je la donnerai par la fenêtre à la première personne charitable qui voudra en avoir le soin.

Elle se mit donc à travailler de bon courage ; la paille ne lui manquait point, la souris en traînait toujours par la chambre.

La reine aperçut un jour au bas de la fenêtre une bonne petite femme qui s'appuyait sur un bâton, et qui lui dit : Je sais votre peine, Madame ; si vous voulez, je vous servirai. Hélas ! ma chère amie, lui dit la reine, vous me ferez un grand plaisir ; venez tous les soirs au bas de la tour, je vous descendrai mon pauvre enfant ; vous le nourrirez, et je tâcherai, si je suis jamais riche, de vous bien payer. Je ne suis pas intéressée, répondit la vieille, mais je suis friande; il n'y a rien que j'aime tant qu'une souris grassette et dodue. Si vous en trouvez dans votre galetas, tuez-les et me les jetez.

Il ne vient dans ma chambre, reprit la reine, qu'une seule souris, qui est si jolie, que je ne puis me résoudre à la tuer. La vieille s'en alla grondant et marmottant.

La reine eut cette même nuit une princesse qui était un miracle de beauté. Elle l'enferma dans la corbeille, avec un billet attaché sur son maillot, où était écrit : *Cette infortunée petite fille a nom Joliette.*

Mais voici la petite souris qui vient, et qui se met dans la corbeille avec Joliette. Ah ! petite bestiole, dit la reine, que tu me coûtes cher pour te sauver la vie ! Ne vous en repentez point, Madame, dit la souris, je ne suis pas si indigne de votre amitié que vous le croyez. La reine mourait de peur d'entendre parler la souris ; mais sa peur augmenta bien, quand elle aperçut qu'elle prenait la forme humaine. Enfin la reine la reconnut pour la fée qui l'était venue voir avec le méchant roi.

Elle lui dit : j'ai voulu éprouver votre cœur ; j'ai reconnu qu'il est bon. J'ai voulu vous éprouver plus fortement, j'ai pris la figure d'une vieille : c'est moi qui vous ai parlé au bas de la tour. A ces mots, elle embrassa la reine ; puis elle baisa trois fois le béco vermeil de la petite princesse, et elle lui dit : Je te doue, ma fille, d'être la consolation de ta mère, et plus riche que ton père ; de vivre cent ans toujours belle, sans maladies, sans rides et sans vieillesse. La reine, toute ravie, la remercia, et la pria d'emporter Joliette.

La fée accepta; elle mit la petite dans la corbeille, qu'elle descendit en bas; mais, s'etant un peu arrêtée à reprendre sa forme de petite souris, quand elle descendit après elle par la cordelette, elle ne trouva plus l'enfant; et remontant fort effrayée: tout est perdu, dit-elle à la reine, mon ennemie la fée Cancaline, plus puissante que moi, vient d'enlever la princesse!

Cependant le géolier vint dans la chambre de la reine, il vit qu'elle n'était plus grosse; il fut le dire au roi, qui accourut pour lui demander son enfant; elle dit qu'une fée, dont elle ne savait pas le nom, l'était venu prendre de force. Je t'ai promis, dit-il, de te pendre, je vais tenir ma parole tout à l'heure. En même temps il traîne la pauvre reine dans un bois, grimpe sur un arbre, et l'allait pendre, lorsque la fée se rendit invisible, et le poussant rudement, elle le fit tomber du haut de l'arbre; il se cassa quatre dents. Pendant qu'on tâchait de les raccommoder, la fée enleva la reine dans son char volant, et elle l'emporta dans un beau château.

Enfin le temps se passait, et la grande affliction de la reine diminuait. Il y avait quinze ans déjà qu'on n'avait pu découvrir en quel lieu Cancaline tenait Joliette cachée, lorsqu'on entendit dire que le fils du méchant roi s'allait marier à sa dindonnière, et que cette petite créature n'en voulait point. Mais pourtant les habits de noces étaient faits, et c'était une si belle noce, qu'on y allait de cent lieues à la ronde. La petite souris s'y transporta ; elle voulait voir la dindonnière tout à son aise. Elle entra dans le poulailler, et la trouva vêtue d'une grosse toile, pieds nus, avec un torchon gras sur sa tête. Il y avait là des habits d'or et d'argent qui traînaient à terre. La dindonnière était assise sur une grosse pierre ; le fils du méchant roi, qui était tortu, borgne et boiteux, lui disait rudement : Si vous me refusez votre cœur, je vous tuerai. Elle lui répondait fièrement : Je ne vous épouserai point, vous êtes trop laid.

La petite souris la regardait avec admiration ; car elle

était aussi belle que le soleil. Dès que le fils du méchant roi fut sorti, la fée prit la figure d'une vieille bergère, et lui dit : Bon jour, ma mignonne, voilà vos dindons en bon état. La jeune dindonnière regarda cette vieille avec des yeux pleins de douceur, et lui dit : L'on veut que je les quitte pour une méchante couronne. Je ne sais pourtant qui je suis, ni où est mon père, ni où est ma mère. Qui vous a donc mise ici? dit la fée. Une fée, appelée Cancaline, est cause que j'y suis venue; elle me battait, elle m'assommait sans sujet et sans raison. Je m'enfuis un jour, et, ne sachant où aller, je m'arrêtai dans un bois; le fils du méchant roi s'y vint promener, il me demanda si je voulais servir à sa basse-cour. Je le voulus bien.

Et quel est votre nom? dit la fée. Je m'appelle Joliette, répliqua la dindonnière. Joliette, lui dit la fée, je vous connais il y a long-temps ; prenez vite les beaux habits que voilà, et vous accommodez.

Joliette obéit. Quand elle fut parée, la fée lui dit : Qui croyez-vous être, ma chère Joliette?

Elle répliqua : En vérité, il me semble que je suis la fille de quelque grand roi. En seriez-vous bien aise? dit la fée. Oui, ma bonne mère, répondit Joliette. Hé bien, dit la fée, soyez donc contente, je vous en dirai davantage demain.

Elle se rendit en diligence à son beau château, où la reine était occupée à filer de la soie. La petite souris lui conta tout d'un bout à l'autre ; et la reine pleurait de joie de savoir sa fille si belle, et de tristesse qu'elle fût dindonnière. Je ne veux pas, dit-elle, qu'elle épouse le fils du méchant roi ; allons dès demain la querir, et l'amenons ici.

Or, il arriva que le fils du méchant roi, étant tout-à-fait fâché contre Joliette, fut s'asseoir sous un arbre, où il pleurait si fort, si fort, qu'il hurlait. Son père l'entendit ; il se mit à la fenêtre, et lui cria : Qu'est-ce que tu as à pleurer ? Comme tu fais la bête ! il répondit : C'est que notre dindonnière ne veut pas m'aimer. Moi, je veux qu'elle t'aime ou qu'elle meure, dit le méchant roi. Il appela ses gens d'armes, et leur dit d'aller la querir.

Ils furent au poulailler, et trouvèrent Joliette richement habillée. Qui cherchez-vous ici? leur dit-elle. Madame, dirent-ils, nous cherchons une petite malheureuse, qu'on appelle Joliette. Hélas! c'est moi; qu'est-ce que vous me voulez? Ils la prirent vitement, et lièrent ses pieds et ses mains avec de grosses cordes, et la menèrent de cette manière devant le méchant roi, qui était avec son fils. Ha, ha, dit-il en la voyant, petite friponne, petite crapaude, vous ne voulez donc pas aimer mon fils? Aimez-le tout à l'heure, ou je vais vous écorcher. Sire, dit la princesse, laissez-moi un jour ou deux pour songer à ce que je dois faire. Son fils désespéré voulait qu'elle fût écorchée : ils conclurent ensemble de l'enfermer dans une tour, où elle ne verrait pas seulement le soleil.

Là-dessus la bonne fée arriva dans le char volant avec la reine.

Comme le méchant roi allait se coucher, la fée se met en petite souris, et se fourre sous le chevet du lit. Dès qu'il voulut dormir, elle lui mordit l'oreille ; il se tourna de l'autre côté, elle lui mordit l'autre oreille ; il appelle ; on vient, on lui trouve les deux oreilles mordues, qui saignaient si fort qu'on ne pouvait arrêter le sang. Pendant qu'on cherchait partout la souris, elle en fut faire autant au fils du méchant roi : il fait venir ses gens, et leur montre ses oreilles. La petite souris retourne dans la chambre du méchant roi, qui était un peu assoupi ; elle mord son nez et s'attache à le ronger ; il y porte les mains, et elle le mord et l'égratigne. Il crie ; elle entre dans sa bouche et lui grignotte, la langue, les lèvres, les joues. L'on entre, on le voit épouvantable ; il fait signe que c'était une souris ; on la cherche, elle n'y était déjà plus. Elle courut faire pis au fils, et lui mangea son bon œil (car il était déjà borgne). Il se leva comme un furieux l'épée à la main ; il était aveugle, et il courut dans la chambre de son père.

Quand il vit son fils si désespéré, il le gronda, et celui-ci, ne reconnut pas la voix de son père, se jeta sur lui. Le méchant roi, en colère, lui donna un grand coup d'épée, il en reçut un autre ; ils tombèrent tous deux par terre. Tous leurs sujets, qui les haïssaient mortellement, leur attachèrent des cordes aux pieds, et les traînèrent dans la rivière.

Voilà le méchant roi tout mort et son fils aussi. La bonne fée fut querir la reine ; elles allèrent à la tour noire, où Joliette était renfermée. Elles trouvèrent la pauvre princesse bien triste, qui ne disait pas un petit mot. La reine se jeta à son cou : ma chère mignonne, lui dit-elle, je suis ta maman, la reine Joyeuse ; elle lui conta l'histoire de sa vie. Ne nous amusons point, dit la fée, il faut faire un coup d'état : allons dans la grande salle du château, haranguer le peuple.

Elle marcha la première avec un visage grave et sérieux.

Elles avaient apporté leurs beaux habits avec elles ; puis elles avaient des couronnes sur la tête, qui brillaient comme des soleils ; la princesse Joliette les suivait. Elles faisaient la révérence à tous ceux qu'elles rencontraient par le chemin, aux petits comme aux grands. On les suivait, fort empressé de savoir qui étaient ces belles dames. Lorsque la salle fut toute pleine, la bonne fée dit aux sujets du méchant roi, qu'elle voulait leur donner pour reine la fille du roi Joyeux, qu'ils voyaient ; qu'ils vivraient contents sous son empire ; qu'ils l'acceptassent. A ces mots chacun cria: *Oui, oui, nous le voulons bien ; il y a trop long-temps que nous sommes tristes et misérables.* En même temps, cent sortes d'instruments jouèrent de tous côtés ; chacun se donna la main et dansa une ronde, chantant autour de la reine, de sa fille et de la bonne fée : *Oui, oui, nous le voulons bien.*

Voilà comme elles furent reçues. Le lendemain la fée présenta à la jeune princesse le plus beau prince qui eût encore vu le jour. Il était tout aussi aimable que Joliette. Dès qu'elle le vit, elle l'aima. De son côté il en fut charmé, et pour la reine, elle était transportée de joie. On prépara un repas admirable, et des habits merveilleux. Les noces se firent avec des réjouissances infinies.

MORALITÉ.

A qui t'a fait une faveur,
Montre une ame reconnaissante,
C'est la vertu la plus puissante
Pour toucher et gagner le cœur.

Les Fées.

Il était une fois une veuve qui avait deux filles : l'aînée lui ressemblait si fort et d'humeur et de visage, que qui la voyait, voyait la mère. Elles étaient toutes deux si désagréables et si orgueilleuses, qu'on ne pouvait vivre avec elles. La cadette, qui était le vrai portrait de son père pour la douceur et l'honnêteté, était avec cela une des plus belles filles qu'on eût su voir. Comme on aime naturellement son semblable, cette mère était folle de sa fille aînée, et en même temps avait une aversion effroyable pour la cadette. Elle la faisait manger à la cuisine, et travailler sans cesse.

Il fallait, entre autres choses, que cette pauvre enfant allât, deux fois le jour, puiser de l'eau à une grande demi-lieue du logis, et qu'elle en rapportât plein une grande cruche. Un jour qu'elle était à cette fontaine, il vint à elle une pauvre femme qui la pria de lui donner à boire. Oui-dà, ma bonne mère, dit cette belle fille; et rinçant aussitôt sa cruche, elle puisa de l'eau au plus bel endroit de la fontaine, et la lui présenta, soutenant toujours la cruche, afin qu'elle bût plus aisément. La bonne femme ayant bu, lui dit : Vous êtes si belle, si bonne et si honnête, que je ne puis m'empêcher de vous faire un don (Car c'était une fée qui avait pris la forme d'une pauvre femme de village, pour voir jusqu'où irait l'honnêteté de cette jeune fille.) Je vous donne pour don, poursuivit la Fée, qu'à chaque parole que vous direz, il vous sortira de la bouche ou une fleur, ou une pierre précieuse. Lorsque cette belle fille arriva au logis, sa mère la gronda de revenir si tard de la fontaine. Je vous demande pardon, ma mère, dit cette pauvre fille, d'avoir tardé si long-temps, et en disant ces mots, il lui sortit de la bouche deux roses, deux perles, et deux gros diamants. Que vois-je là, dit sa mère toute étonnée? je crois qu'il lui sort de la bouche des perles et des diamants! D'où vient cela, ma fille (Ce fut-là la première fois qu'elle l'appela *sa fille*)? La pauvre enfant lui raconta naïvement tout ce qui lui était arrivé, non sans jeter une infinité de diamants. Vraiment, dit la mère, il faut que j'y envoie ma fille. Tenez, Fanchon, voyez ce qui sort de la bouche de votre sœur quand elle parle : ne seriez-vous pas bien aise d'avoir le même don ? Vous n'avez qu'à aller puiser de l'eau à la fontaine, et quand une pauvre femme vous demandera à boire, lui en donner bien honnêtement. Il me ferait beau voir, répondit la brutale ; aller à la fontaine ! Je veux que vous y alliez, reprit la mère, et tout à l'heure. Elle y alla mais toujours en grondant. Elle prit le plus beau flacon d'argent qui fût dans le logis. Elle ne fut pas plutôt arrivée à la fontaine, qu'elle vit sortir du bois une dame magnifiquement vêtue, qui vint lui demander à boire : c'était la même Fée qui avait apparu à sa sœur, mais qui avait pris l'air et les habits d'une princesse, pour voir jusqu'où irait la malhonnêteté de cette fille. Est-ce que je suis ici venue, lui dit cette brutale orgueilleuse, pour vous donner à boire? Justement, j'ai apporté un flacon d'argent tout exprès pour donner à boire à Madame; j'en suis d'avis: buvez à même si vous voulez. —Vous n'êtes guère honnête, reprit la Fée, sans se mettre en colère. Eh bien! puisque vous êtes si peu obligeante, je vous donne pour don, qu'à chaque parole que vous direz, il vous sortira de la bouche ou un serpent ou un crapaud. D'abord que sa mère l'aperçut, elle lui cria: Eh bien ma fille? Eh bien! ma mère, lui répondit la brutale, en jetant deux vipères et deux crapauds. O ciel! s'écria la mère, que vois-je là? C'est sa sœur qui en est cause: elle me le payera; et aussitôt elle courut pour la battre. La pauvre enfant s'enfuit, et alla se sauver dans la forêt prochaine. Le fils du roi, qui revenait de la chasse, la rencontra, et la voyant si belle, lui demanda ce qu'elle faisait là toute seule, et ce qu'elle avait à pleurer? Hélas! Monsieur, c'est ma mère qui m'a chassée du logis. Le fils du roi, qui vit sortir de sa bouche cinq ou six perles et autant de diamants, la pria de lui dire d'où cela lui venait. Elle lui conta toute son aventure. Le fils du roi en devint amoureux, et considérant qu'un tel don valait mieux que tout ce qu'on pouvait donner en mariage à une autre, l'emmena au palais du roi son père, où il l'épousa. Pour sa sœur, elle se fit tant haïr, que sa propre mère la chassa de chez elle; et la malheureuse, après avoir bien couru sans trouver personne qui voulut la recevoir, alla mourir au coin d'un bois.

MORALITÉ.

Les diamants et les pistoles,
Peuvent beaucoup sur les esprits ;
Cependant les douces paroles
Ont encore plus de force, et sont d'un plus grand prix.

AUTRE MORALITÉ.

L'honnêteté coûte des soins,
Et veut un peu de complaisance ;
Mais tôt ou tard elle a sa récompense,
Et souvent dans le temps qu'on y pense le moins.

La Belle aux cheveux d'or.

Il y avait une fois la fille d'un roi, qui était si belle, qu'il n'y avait rien de plus beau au monde, et, par cette raison, on la nommait la Belle aux cheveux d'or: car ses cheveux étaient plus fins que l'or.

Il y avait un jeune roi de ses voisins qui n'était point marié : il était bien fait et fort riche. Quand il eut appris tout ce qu'on disait de la Belle aux cheveux d'or, bien qu'il ne l'eût point encore vue, il se prit à l'aimer si fort, qu'il se détermina à la faire demander en mariage. Il fit faire un carrosse magnifique à son ambassadeur; il lui donna plus de cent chevaux, autant de laquais, et lui recommanda bien de lui amener la princesse.

L'ambassadeur part, il arrive chez la Belle aux cheveux d'or, et lui fait son petit message : mais elle répondit qu'elle remerciait le roi; et qu'elle n'avait point envie de se marier.

L'ambassadeur retourna bien triste de ne la pas amener avec lui, et rapporta tous les présens qu'il lui avait portés de la part du roi; car elle était fort sage et savait bien qu'il ne faut pas que les filles reçoivent rien des garçons. Elle avait donc tout refusé.

Quand l'ambassadeur revint auprès du Roi, son maître, il y avait à la cour un jeune garçon qui était beau comme le soleil, et le mieux fait de tout le royaume : à cause de sa bonne grâce et de son esprit, on le nommait Avenant.

Avenant prétendit que si le roi l'avait envoyé vers la Belle aux cheveux d'or, elle serait venue avec lui. Tout aussitôt on vint dire au roi : Sire, vous ne savez pas ce que dit Avenant? Que si vous l'aviez envoyé chez la Belle aux cheveux d'or, il l'aurait amenée, et qu'elle l'aurait tant aimé, qu'elle l'aurait suivi partout. Ah! dit le roi dans sa colère, ce joli mignon se moque de mon malheur, et il se prise plus que moi. Allons qu'on le mette dans ma grosse tour et qu'il y meure de faim.

Les gardes du roi furent chez Avenant, et le traînèrent en prison. Ce pauvre garçon n'avait qu'un peu de paille pour se coucher ; et il serait mort sans une petite fontaine qui coulait dans le pied de la tour, dont il buvait un peu pour se rafraîchir.

Un jour qu'il n'en pouvait plus, il disait en soupirant : De quoi se plaint le roi ? Il n'a point de sujet qui lui soit plus fidèle que moi ; je ne l'ai jamais offensé. Le roi, par hasard, passait proche de la tour, et quand il entendit la voix de celui qu'il avait tant aimé, il s'arrêta pour l'écouter. Ayant ouï ses plaintes, les larmes lui en vinrent aux yeux ; il fit ouvrir la porte de la tour, et l'appela. Avenant vint tout triste : Que vous ai-je fait, sire, lui dit-il, pour me traiter si rudement ? Tu t'es moqué de moi et de mon ambassadeur, dit le roi. Tu as dit que si je t'avais envoyé chez la Belle aux cheveux d'or, tu l'aurais bien amenée. Il est vrai, sire, répondit Avenant, que je lui aurais si bien fait connaître vos grandes qualités, que je suis persuadé qu'elle n'aurait pu s'en défendre. Le roi trouva qu'il n'avait point de tort; et il l'emmena avec lui.

Après l'avoir fait souper à merveille, il l'appela dans son cabinet, et lui dit : Avenant, j'aime toujours la Belle aux cheveux d'or, j'ai envie de t'envoyer près d'elle. Avenant répondit qu'il était disposé à lui obéir, qu'il partirait dès le lendemain.

Ce fut un lundi matin qu'il prit congé du roi pour aller à son ambassade. Il ne faisait que rêver aux moyens d'engager la Belle aux cheveux d'or d'épouser le roi. Un matin qu'il était parti à la pointe du jour, en passant dans une grande prairie, il mit pied à terre et se plaça sous des saules et des peupliers, pour réfléchir un peu à la harangue qu'il composait à la princesse. Il aperçut sur l'herbe une grosse carpe dorée, qui bâillait et qui n'en pouvait plus; car, ayant voulu attraper de petits moucherons, elle avait sauté si haut hors de l'eau, qu'elle s'était élancée sur l'herbe, où elle était prête à mourir. Avenant en eut pitié; et la remit doucement dans la rivière. Ma commère la carpe se laisse couler jusqu'au fond; puis revenant toute gaillarde au bord de la rivière : Avenant, dit-elle, sans vous je serais morte, je vous le revaudrai. Après ce petit compliment, elle s'enfonça dans l'eau.

Un autre jour qu'il continuait son voyage, il vit un corbeau poursuivi par un gros aigle qui l'aurait avalé comme une lentille, si Avenant n'eût eu compassion de lui. Il prend son arc et une flèche; puis, mirant bien l'aigle, il le perce de part en part; il tombe mort, et le corbeau ravi vient se percher sur un arbre : Avenant, lui dit-il, vous êtes bien généreux de m'avoir secouru; mais je n'en demeurerai point ingrat, je vous le revaudrai.

Avenant admira le bon esprit du corbeau, et continua son chemin. Un jour, en entrant dans un grand bois, il entendit un hibou qui criait en désespéré. Ah, dit-il, voilà un hibou bien affligé, il pourrait s'être laissé prendre dans quelques filets; il chercha de tous côtés, et enfin il trouva de grands filets que les oiseleurs avaient tendus; il tira son couteau et coupa les cordelettes. Le hibou prit l'essort; mais, revenant à tire d'ailes, Avenant, dit-il, j'étais mort sans votre secours; j'ai le cœur reconnaissant, je vous le revaudrai.

Avenant était si pressé d'arriver, qu'il ne tarda pas à se rendre au palais de la Belle aux cheveux d'or. Tout y était admirable. Avenant était si bien fait, si aimable, et il faisait toutes choses avec tant de grâce, que, lorsqu'il se présenta à la porte du palais, tous les gardes lui firent une grande révérence, et l'on courut dire à la Belle aux cheveux d'or, qu'Avenant, ambassadeur du roi son plus proche voisin, demandait à la voir.

Sur ce nom d'Avenant, la princesse ne put s'empêcher de dire : je gagerais que cet ambassadeur est joli homme, et qu'il plaît à tout le monde. Vraiment oui, Madame, lui dirent toutes ses filles d'honneur. Vite, répliqua la princesse, donnez-moi ma grande robe de satin bleu brodée, éparpillez bien mes blonds cheveux, et faites-moi des guirlandes de fleurs nouvelles, car je veux qu'il dise partout que je suis vraiment la Belle aux cheveux d'or.

Voilà toutes ses femmes qui s'empressent de la parer ; elle passa ensuite dans sa galerie aux grands miroirs, pour voir si rien ne lui manquait, et puis elle monta sur son trône d'or ; et elle commanda à ses filles de prendre des instruments, et de chanter tout doucement pour n'étourdir personne.

L'on conduisit Avenant dans la salle d'audience. Il demeura transporté d'admiration, fit sa harangue à merveille, et il pria la princesse qu'il n'eût pas le déplaisir de s'en retourner sans elle. Gentil Avenant, lui dit-elle, toutes vos raisons sont fort bonnes ; mais il faut que vous sachiez qu'il y a un mois, je fus me promener sur la rivière, et qu'en ôtant mon gant, je tirai de mon doigt une bague qui tomba dans la rivière : je la chérissais plus que mon royaume ; et j'ai fait serment de n'écouter jamais aucunes propositions de mariage, que l'ambassadeur qui me proposera un époux ne me rapporte ma bague.

Avenant demeura bien étonné de cette réponse ; il lui fit une profonde révérence, et la pria de recevoir le petit chien, le panier et l'écharpe ; mais elle lui répliqua qu'elle ne voulait point de présens.

Quand il fut retourné chez lui, il se coucha sans souper ; et son petit chien, qui s'appelait Cabriolle, ne voulut pas souper non plus : il vint se mettre auprès de lui. Tant que la nuit fut longue, Avenant ne cessa point de soupirer. Cabriolle lui dit : Mon cher maître, allons, dès qu'il fera jour, au bord de la rivière. Avenant ne répondit rien ; mais, tout accablé de tristesse, il s'endormit.

Cabriolle, voyant le jour, cabriola tant, qu'il l'éveilla, et lui dit: Mon maître, habillez-vous, et sortons. Avenant le voulut bien : il se lève, s'habille, et il va insensiblement au bord de la rivière. Tout d'un coup il entendit qu'on l'appelait : Avenant ! Avenant ! Il crut rêver. Qui m'appelle ? dit-il. Cabriolle, qui regardait de près dans l'eau, lui répliqua : C'est une carpe dorée que j'aperçois. Aussitôt la grosse carpe paraît, et lui dit : Vous m'ayez sauvé la vie dans le pré des Alisiers, où je serais restée, sans vous. Je vous promis d'être reconnaissante : tenez, cher Avenant, voici la bague de la Belle aux cheveux d'or. Il se baissa, et la prit dans la gueule de ma commère la carpe.

Au lieu de retourner chez lui, il fut droit au palais, avec le petit Cabriolle. L'on fit entrer Avenant, qui présenta la bague à la princesse et lui dit : Voilà votre commandement fait ; vous plaît-il de recevoir mon maître pour époux ? Vraiment, dit-elle, gracieux Avenant, il faut que vous soyez favorisé de quelque fée. Madame, dit-il, je n'en connais aucune, mais j'avais bien envie de vous obéir. Puisque vous avez si bonne volonté, continua-t-elle, il y a un prince, qui ne demeure pas loin d'ici, appelé Galifron, lequel s'était mis dans l'esprit de m'épouser, et qui a dit que, si je le refusais, il désolerait mon royaume : c'est un géant qui est plus grand qu'une haute tour ; il mange un homme comme un singe mange un marron. Quand il va à la campagne, il porte dans ses poches de petits canons dont il se sert au lieu de pistolets ; et lorsqu'il parle bien haut, ceux qui sont près de lui deviennent sourds. Il faut vous battre contre lui, et m'apporter sa tête.

Hé bien, Madame, dit Avenant, je combattrai Galifron : je crois que je serai vaincu ; mais je mourrai en brave homme. Aussitôt il se retira pour aller chercher des armes. Il remit le petit Cabriolle dans son panier, monta sur son beau cheval, et fut dans le pays de Galifron. Il demandait de ses nouvelles à ceux qu'il rencontrait, et chacun lui disait que c'était un vrai démon. Cabriolle le rassurait, et lui disait : Mon cher maître, pendant que vous vous battrez, j'irai lui mordre les jambes; il baissera la tête pour me chasser, et vous le tuerez.

Enfin il arriva proche du château de Galifron; tous les chemins étaient couverts d'os et de carcasses d'hommes qu'il avait mangés ou mis en pièces. Il le vit venir à travers d'un bois; sa tête passait les plus grands arbres, et il chantait d'une voix épouvantable.

Aussitôt Avenant se mit à chanter de même. Quand Galifron l'entendit, il regarda de tous côtés, et il aperçut Avenant l'épée à la main, qui lui dit deux ou trois injures pour l'irriter. Il n'en fallut pas tant : il se mit dans une colère effroyable ; et, prenant une massue toute de fer, il aurait assommé du premier coup le gentil Avenant, sans un corbeau qui vint se mettre sur le haut de sa tête, et avec son bec lui donna si juste dans les yeux, qu'il les creva ; son sang coulait sur son visage. Avenant lui porta de grands coups d'épée qu'il enfonçait jusqu'à la garde, et il tomba. Aussitôt Avenant lui coupa la tête, et le corbeau qui s'était perché sur un arbre lui dit : Je n'ai pas oublié le service que vous me rendîtes en tuant l'aigle qui me poursuivait ; je vous promis de m'en acquitter, je crois l'avoir fait aujourd'hui. Avenant monta aussitôt à cheval, chargé de l'épouvantable tête de Galifron, et arriva bientôt au palais de la princesse.

Madame, lui dit-il, votre ennemi est mort : j'espère que vous ne refuserez plus le roi mon maître. Ah! si fait, dit la Belle aux cheveux d'or, je le refuserai, si vous ne trouvez le moyen, avant mon départ, de m'apporter de l'eau de la grotte ténébreuse.

Il y a proche d'ici une grotte profonde qui a bien six lieues de tour : on trouve à l'entrée deux dragons qui empêchent qu'on y entre ; ils ont du feu dans la gueule et dans les yeux ; puis, lorsqu'on est dans la grotte, on trouve un grand trou dans lequel il faut descendre : il est plein de crapauds, de couleuvres et de serpens. Au fond de ce trou, il y a une petite cave où coule la fontaine de Beauté et de Santé : c'est de cette eau que je veux absolument.

Avenant partit avec le petit chien Cabriolle, pour aller à la grotte ténébreuse chercher de l'eau de Beauté.

Il arriva vers le haut d'une montagne, où il s'assit pour se reposer un peu, et il laissa paître son cheval et courir Cabriolle après des mouches; il savait que la grotte ténébreuse n'était pas loin de là, il regardait s'il ne la verrait point; enfin il aperçut un vilain rocher noir comme de l'encre, d'où sortait une grosse fumée, et au bout d'un moment, un des dragons qui jetait du feu par les yeux et par la gueule; Cabriolle ne savait où se cacher, tant il avait de peur.

Avenant, tout résolu de mourir, tira son épée, et descendit avec une fiole que la Belle aux Cheveux d'or lui avait donnée pour la remplir de l'eau de Beauté. Comme il descendait, il entendit qu'on l'appelait, Avenant, Avenant! il dit: qui m'appelle? et il vit un hibou dans le trou d'un vieux arbre, qui lui dit: Vous m'avez sauvé la vie; je vous promis que je vous le revaudrais, en voici le temps. Donnez-moi votre fiole, je vais vous querir de l'eau de Beauté. Avenant fut ravi, il le remercia de tout son cœur; et remontant la montagne, il prit le chemin de la ville, bien joyeux.

Il alla droit au palais, il présenta la fiole à la Belle aux cheveux d'or, qui donna l'ordre du départ; puis elle se mit en voyage avec lui. Elle le trouvait bien aimable, et elle lui disait quelquefois: Si vous aviez voulu, je vous aurais fait roi; mais il répondait: Je ne voudrais pas faire un si grand déplaisir à mon maître.

Enfin ils arrivèrent à la grande ville du roi, qui, sachant que la Belle aux cheveux d'or venait, alla au devant d'elle. Il l'épousa avec tant de réjouissances, que l'on ne parlait d'autres choses; mais la Belle aux cheveux d'or, qui aimait Avenant dans le fond de son cœur, n'était bien aise que quand elle le voyait, et elle le louait toujours.

Des envieux dirent au roi : Vous n'êtes point jaloux, et vous avez sujet de l'être ; la reine aime si fort Avenant, qu'elle en perd l'appétit : elle ne fait que parler de lui. Vraiment! dit le roi; qu'on aille le mettre dans la tour, avec les fers aux pieds et aux mains. L'on prit Avenant, et on l'enferma dans la tour après l'avoir enchaîné. Son petit chien Cabriolle ne le quittait point, il le consolait, et venait lui dire toutes les nouvelles.

Quand la Belle aux cheveux d'or sut sa disgrâce, elle se jeta aux pieds du roi, et le pria, mais en vain, de faire sortir Avenant de prison.

Le roi pensa qu'elle ne le trouvait peut-être pas assez beau; il eut envie de se frotter le visage avec de l'eau de Beauté. Cette eau était dans la fiole sur le bord de la cheminée de la chambre de la reine; mais une de ses femmes-de-chambre jeta par malheur un jour la fiole par terre, et toute l'eau fut perdue. Elle balaya vitement; et, ne sachant que faire, elle se souvint qu'elle avait vu dans le cabinet du roi une fiole toute semblable, pleine d'eau claire comme était l'eau de Beauté; elle la prit adroitement sans rien dire, et la porta sur la cheminée de la reine.

L'eau qui était dans le cabinet du roi, servait à faire mourir les princes et les grands seigneurs quand ils étaient criminels ; on leur frottait le visage de cette eau, ils s'endormaient et ne se réveillaient plus. Un soir donc le roi prit la fiole, et se frotta bien le visage ; puis il s'endormit, et mourut. Le petit chien Cabriolle ne manqua pas de l'aller dire à Avenant, qui lui dit d'aller trouver la Belle aux cheveux d'or, et de la faire souvenir du pauvre prisonnier.

Cabriolle se glissa doucement dans la presse ; et il dit à la reine : Madame, n'oubliez pas le pauvre Avenant. Elle sortit aussitôt, sans parler à personne, et fut droit à la tour, où elle ôta elle-même les fers des pieds et des mains d'Avenant ; et, lui mettant une couronne d'or sur la tête, et le manteau royal sur les épaules, elle lui dit : Venez, aimable Avenant, je vous fais roi, et vous prends pour mon époux. Il se jeta à ses pieds et la remercia. Chacun fut ravi de l'avoir pour maître ; il se fit la plus belle noce du monde, et la Belle aux cheveux d'or vécut long-temps avec le bel Avenant, tous deux heureux et satisfaits.

MORALITÉ.

Si par hasard un malheureux
Te demande ton assistance,
Ne lui refuse point un secours généreux :
Un bienfait tôt ou tard reçoit sa récompense.

Riquet à la Houpe.

Il était une fois une reine qui accoucha d'un fils si laid et si mal fait, qu'on douta long-temps s'il avait forme humaine. Une fée, qui se trouva à sa naissance, assura qu'il ne laisserait pas d'être aimable, parce qu'il aurait beaucoup d'esprit : elle ajouta même qu'il pourrait, en vertu du don qu'elle venait de lui faire, donner autant d'esprit qu'il en aurait, à la personne qu'il aimerait le mieux.

Tout cela consola un peu la pauvre reine, qui était

bien affligée d'avoir mis au monde un si vilain marmot. Il est vrai que cet enfant ne commença pas plutôt à parler, qu'il dit mille jolies choses, et qu'il avait dans toutes ses actions je ne sais quoi de spirituel, qu'on en était charmé.

J'oubliais de dire qu'il vint au monde avec une petite houpe de cheveux sur la tête ; ce qui fit qu'on le nomma *Riquet à la Houpe* ; car Riquet était le nom de la famille.

Au bout de sept ou huit ans, la reine d'un royaume voisin accoucha de deux filles. La première qui vint au monde était plus belle que le jour : la reine en fut si aise, qu'on appréhenda que la trop grande joie qu'elle en avait, ne lui fît mal. La même fée qui avait assisté à la naissance du petit Riquet à la houpe était présente; et pour modérer la joie de la reine, elle lui déclara que cette petite princesse n'aurait point d'esprit, et qu'elle serait aussi stupide qu'elle était belle. Cela mortifia beaucoup la reine; mais elle eut quelques moments après, un bien plus grand chagrin; car la seconde fille dont elle accoucha se trouva extrêmement laide. Ne vous affligez pas tant, Madame, lui dit la fée; votre fille sera recompensée d'ailleurs; elle aura tant d'esprit, qu'on ne s'apercevra presque pas qu'il lui manque de la beauté. Dieu le veuille, répondit la reine! mais n'y aurait-il point moyen de faire avoir un peu d'esprit à l'aînée qui est si belle? je ne puis rien pour elle, Madame, du côté de l'esprit, lui dit la fée; mais je puis tout du côté de la beauté ; et comme il n'y a rien que je ne veuille pour votre satisfaction, je vais lui donner pour don, de pouvoir rendre beau ou belle la personne qui lui plaira.

A mesure que ces deux princesses devinrent grandes, leurs perfections crûrent aussi avec elles ; et on ne parlait partout que de la beauté de l'aînée et de l'esprit de la cadette. Il est vrai que leurs défauts augmentèrent beaucoup avec l'âge. La cadette enlaidissait à vue d'œil, et l'aînée devenait plus stupide de jour en jour ; ou elle ne répondait rien à ce qu'on lui demandait, ou elle disait une sottise. Elle était avec cela si mal-adroite, qu'elle n'eût pu ranger quatre porcelaines sur le bord d'une cheminée sans en casser une, ni boire un verre d'eau sans en répandre la moitié sur ses habits. Quoique la beauté soit un grand avantage dans une jeune personne, cependant la cadette l'emportait presque toujours sur son aînée dans toutes les compagnies. D'abord on allait du côté de la plus belle, pour la voir et pour l'admirer : mais bientôt après, on allait à celle qui avait le plus d'esprit, pour lui entendre dire mille choses agréables; et on était étonné qu'en moins d'un quart-d'heure, l'aînée n'avait plus personne auprès d'elle, et que tout le monde s'était rangé autour de la cadette. L'aînée, quoique fort stupide, le remarqua bien; et elle eût donné sans regret toute sa beauté, pour avoir la moitié de l'esprit de sa sœur.

La reine, toute sage qu'elle était, ne put s'empêcher

de lui reprocher plusieurs fois sa bêtise ; ce qui pensa faire mourir de douleur cette pauvre princesse.

Un jour qu'elle s'était retirée dans un bois pour y plaindre son malheur, elle vit venir à elle un petit homme fort désagréable ; mais vêtu très-magnifiquement. C'était le jeune prince Riquet à la Houpe, qui, étant devenu amoureux d'elle, sur ses portraits qui couraient partout le monde, avait quitté le royaume de son père pour avoir le plaisir de la voir et de lui parler. Ravi de la rencontrer ainsi toute seule, il l'aborde avec tout le respect et toute la politesse imaginables. Ayant remarqué, après lui avoir fait les complimens ordinaires, qu'elle était fort mélancolique, il lui dit: Je ne comprends point, madame, comment une personne aussi belle que vous l'êtes, peut être aussi triste que vous le paraissez ; car, quoique je puisse me vanter d'avoir vu une infinité de belles personnes, je puis dire que je n'en ai jamais vu dont la beauté approche de la vôtre. Cela vous plaît à dire, monsieur, lui répondit la princesse, et en demeura là. La beauté, reprit Riquet à la Houpe, est un si grand avantage, qu'il doit tenir lieu de tout le reste ; et quand on le possède, je ne vois pas qu'il y ait rien qui puisse vous affliger beaucoup. J'aimerais mieux, dit la princesse, être aussi laide que vous, et avoir de l'esprit, que d'avoir de la beauté comme j'en ai, et être bête autant que je le suis. Il n'y a rien, madame, qui marque davantage qu'on a de l'esprit que de croire n'en pas avoir ; et il est de la nature de ce bien-là, que plus on en a, plus on croit en manquer. Je ne sais pas cela, dit la princesse; mais je sais bien que je suis fort bête, et c'est de là que vient le chagrin qui me tue. Si ce n'est que cela, madame, qui vous afflige, je puis aisément mettre fin à votre douleur. Et comment ferez-vous, dit la princesse? J'ai le pouvoir, madame, dit Riquet à la Houpe, de donner de l'esprit autant qu'on en saurait avoir, à la personne que je dois aimer le plus; et comme vous êtes, madame, cette personne, il ne tiendra qu'à vous que vous n'ayez autant d'esprit qu'on en peut avoir, pourvu que vous vouliez bien m'épouser.

La princesse demeura toute interdite, et ne répondit rien. Je vois, reprit Riquet à la Houpe, que cette proposition vous fait de la peine, et je ne m'en étonne pas;

mais je vous donne un an tout entier pour vous y résoudre.

La princesse avait si peu d'esprit, et en même temps une si grande envie d'en avoir, qu'elle s'imagina que la fin de cette année ne viendrait jamais ; de sorte qu'elle accepta la proposition qui lui était faite. Elle n'eut pas plutôt promis à Riquet à la Houpe qu'elle l'épouserait dans un an à pareil jour, qu'elle se sentit toute autre qu'elle n'était auparavant : elle se trouva une facilité incroyable à dire tout ce qui lui plaisait, et à le dire d'une manière fine, aisée et naturelle. Elle commença dès ce moment une conversation galante et soutenue avec Riquet à la Houpe, où elle babilla d'une telle force, que Riquet à la Houpe crut lui avoir donné plus d'esprit qu'il ne s'en était réservé pour lui-même. Quand elle fut retournée au palais, toute la cour ne savait que penser d'un changement si subit et si extraordinaire ; car autant on lui avait ouï dire d'impertinences auparavant, autant lui entendait-on dire de choses bien sensées et infiniment spirituelles. Toute la cour en eut une joie qui ne se peut imaginer ; il n'y eut que sa cadette qui n'en fut pas bien aise, parce que n'ayant plus sur son aînée l'avantage de l'esprit, elle ne paraissait plus auprès d'elle qu'une guenon fort désagréable. Le roi se conduisait par ses avis, et allait même quelquefois tenir le conseil dans son appartement. Le bruit de ce changement s'étant répandu, tous les jeunes princes des royaumes voisins firent leurs efforts pour s'en faire aimer, et presque tous la demandèrent en mariage; mais elle n'en trouvait point qui eût assez d'esprit, et elle les écoutait tous sans s'engager à pas un d'eux. Cependant il en vint un si puissant, si riche, si spirituel et si bien fait, qu'elle ne put s'empêcher d'avoir de la bonne volonté pour lui. Son père s'en étant aperçu lui dit qu'il la faisait maîtresse sur le choix d'un époux, et qu'elle n'avait qu'à se déclarer. Comme plus on a d'esprit, et plus on a de peine à prendre une ferme résolution sur cette affaire, elle demanda, après avoir remercié son père, qu'il lui donna du temps pour y penser.

Elle alla par hasard se promener dans le même bois où elle avait trouvé Riquet à la Houpe, pour rêver plus commodément à ce qu'elle avait à faire. Dans le temps qu'elle se promenait, rêvant profondément, elle entendit un bruit sourd sous ses pieds, comme de plusieurs personnes qui vont et viennent, et qui agissent. Ayant prêté l'oreille plus attentivement, elle ouït que l'un disait : Apporte-moi cette marmite ; l'autre : Donne-moi cette chaudière ; l'autre : Mets du bois dans ce feu. La terre s'ouvrit dans le même temps, et elle vit sous ses pieds comme une grande cuisine pleine de cuisiniers, de marmitons et de toutes sortes d'officiers nécessaires pour faire un festin magnifique. Il en sortit une bande de vingt ou trente rotisseurs, qui allèrent se camper dans une allée du bois, autour d'une table fort longue, et qui, tous, la lardoire à la main, et la queue de renard sur l'oreille, se mirent à travailler en cadence, au son d'une chanson harmonieuse. La princesse, étonnée de ce spectacle, leur demanda pour qui ils travaillaient. C'est, madame, lui répondit le plus apparent de la bande, pour le prince Riquet à la Houpe, dont les noces se feront demain. La princesse, encore plus surprise qu'elle ne l'avait été, et se ressouvenant tout-à-coup qu'il y avait un an qu'à pareil jour, elle avait promis d'épouser le prince Riquet à la Houpe, elle pensa tomber de son haut. Ce qui faisait qu'elle ne s'en souvenait pas, c'est que, quand elle fit cette promesse, elle était une bête, et qu'en prenant le nouvel esprit que le prince lui avait donné, elle avait oublié toutes ses sottises. Elle n'eut pas fait trente pas en continuant sa promenade, que Riquet à la Houpe se présenta à elle, brave, magnifique, et comme un prince qui va se marier. Vous me voyez, dit-il, Madame, exact à tenir ma parole; et je ne doute point que vous ne veniez ici pour exécuter la vôtre, et me rendre, en me donnant la main, le plus heureux de tous les hommes. Je vous avouerai franchement, répondit la princesse, que je n'ai pas encore pris ma résolution là-dessus, et que je ne crois pas pouvoir jamais la prendre telle que vous la souhaitez. Vous m'étonnez, Madame, lui dit Riquet à la Houpe. Je le crois, dit la princesse; et assurément si j'avais affaire à un brutal, à un homme sans esprit, je me trouverais bien embarrassée. Une princesse n'a que sa parole, me dirait-il; et il faut que vous m'épousiez, puisque vous me l'avez promis: mais comme celui à qui je parle est l'homme du monde qui a le plus d'esprit, je suis sûre qu'il entendra raison. Vous savez que quand je n'étais qu'une bête, je ne pouvais néanmoins me résoudre à vous épouser ; comment voulez-vous qu'ayant l'esprit que vous m'avez donné, qui me rend encore plus difficile en gens, que je n'étais, je prenne aujourd'hui une résolution que je n'ai pu prendre dans ce temps-là ? Si vous pensiez tout de bon à m'épouser, vous avez eu grand tort de m'ôter ma bêtise, et de me faire voir plus clair que je ne voyais. Si un homme sans esprit, répondit Riquet à la Houpe, serait bien reçu, comme vous venez de le dire, à vous reprocher votre manque de parole, pourquoi voulez-vous, Madame, que je n'en use pas de même dans une chose où il y va de tout le bonheur de ma vie ? Est-il raisonnable que les personnes qui ont de l'esprit, soient d'une pire condition que ceux qui n'en ont pas ? Le pouvez-vous prétendre, vous qui en avez tant, et qui avez tant souhaité d'en avoir ? Mais venons au fait, s'il vous plaît. A la réserve de ma laideur, y a-t-il quelque chose en moi qui vous déplaise ? Êtes-vous mal contente de ma naissance, de mon esprit, de mon humeur et de mes manières ? Nullement, répondit la princesse, j'aime en vous tout ce que vous venez de me dire. Si cela est ainsi, reprit Riquet à la Houpe, je vais être heureux, puisque vous pouvez me rendre le plus aimable de tous les hommes. Comment cela se peut-il faire, lui dit la princesse ? Cela se fera, répondit Riquet à la Houpe, si vous m'aimez assez pour souhaiter que cela soit ; et afin, madame, que vous n'en doutiez pas, sachez que la même fée, qui, au jour de ma naissance, me fit le don de pouvoir rendre spirituelle la personne qu'il me plairait, vous a aussi fait le don de pouvoir rendre beau celui que vous aimerez, et à qui vous voudrez bien faire cette faveur. Si la chose est ainsi, dit la princesse, je souhaite de tout mon cœur que vous deveniez le prince du monde le plus aimable, et je vous en fais le don autant qu'il est en moi.

La princesse n'eut pas plutôt prononcé ces paroles, que Riquet à la Houpe parut à ses yeux l'homme du monde le plus beau, le mieux fait, et le plus aimable qu'elle eût jamais vu. Quelques-uns assurent que ce ne furent point les charmes de la fée qui opérèrent; mais que l'amour seul fit cette métamorphose. Ils disent que la princesse ayant fait réflexion sur la persévérance de son amant, sur sa discrétion, et sur toutes les bonnes qualités de son ame et de son esprit, ne vit plus la difformité de son corps ni la laideur de son visage ; que sa bosse ne lui sembla plus que le bon air d'un homme qui fait le gros dos ; et qu'au lieu que jusqu'alors elle l'avait vu boiter effroyablement, elle ne lui trouva plus qu'un certain air penché qui la charmait. Ils disent encore que ses yeux, qui étaient louches, ne lui en parurent que plus brillants ; que leur déréglement passa dans son esprit pour la marque d'un violent excès d'amour ; et qu'enfin son gros nez rouge eut pour elle quelque chose de martial et d'héroïque. Quoiqu'il en soit, la princesse lui promit sur le champ de l'épouser, pourvu qu'il en obtint le consentement du roi son père. Le roi ayant su que sa fille avait beaucoup d'estime pour Riquet à la Houpe, qu'il connaissait d'ailleurs pour un prince très-spirituel et très-sage, le reçut avec plaisir pour son gendre. Dès le lendemain, les noces furent faites, ainsi que Riquet à la Houpe l'avait prévu, et selon les ordres qu'il en avait donnés long-temps auparavant.

MORALITÉ.

Ce que l'on voit dans cet écrit,
Est moins un conte en l'air que la vérité même.
Tout est beau dans ce que l'on aime,
Tout ce qu'on aime a de l'esprit.

AUTRE MORALITÉ.

Dans un objet où la nature
Aura mis de beaux traits, et la vive peinture
D'un teint où jamais l'art ne saurait arriver,
Tous ses dons pourront moins pour rendre un cœur sensible,
    Qu'un seul agrément invisible
    Que l'amour y fera trouver.

Fortunée.

Il était une fois un pauvre laboureur, qui, se voyant sur le point de mourir, ne voulut laisser dans sa succession aucun sujet de dispute à son fils et à sa fille, qu'il aimait tendrement. Votre mère m'apporta, leur dit-il, pour toute dot, deux escabelles et une paillasse, les voilà, avec ma poule, un pot d'œillets et un jonc d'argent, qui me fut donné par une grande dame qui séjourna dans ma pauvre chaumière. Elle me dit en partant : Mon bon homme, voilà un don que je vous fais ; soyez soigneux de bien arroser les œillets, et de bien serrer la bague. Au reste, votre fille sera d'une incomparable beauté ; nommez-la Fortunée, donnez-lui la bague et les œillets pour la consoler de sa pauvreté : ainsi, ajouta le bon homme, ma chère Fortunée, tu auras l'un et l'autre, le reste sera pour ton frère.

Les deux enfants du laboureur parurent contents : Il mourut. Ils pleurèrent, et les partages se firent sans procès. Fortunée croyait que son frère l'aimait, mais ayant voulu prendre une des escabelles pour s'asseoir; garde tes œillets et ta bague, lui dit-il d'un air farouche, et pour mes escabelles ne les dérange point. Fortunée se mit à pleurer, et demeura debout pendant que Bedou (c'est le nom de son frère.) était assis. L'heure de souper vint ; Bedou avait un excellent œuf frais de son unique poule, il en jeta la coquille à sa sœur. Tiens, lui dit-il, je n'ai pas autre chose à te donner. Fortunée pleura encore, et puis elle entra dans sa chambre.

Elle la trouva toute parfumée, et ne doutant point que ce fût l'odeur de ses œillets, elle s'en approcha tristement, et leur dit : Beaux œillets, dont la variété me fait un extrême plaisir à voir, ne craignez point que je vous laisse manquer d'eau ; j'aurai soin de vous. En achevant ces mots, elle prit sa cruche, et courut au clair de la lune jusqu'à la fontaine, qui était assez loin. Comme elle avait marché vite, elle s'assit au bord ; mais elle y fut à peine, qu'elle vit venir une dame, dont l'air majestueux répondait bien à la nombreuse suite qui l'accompagnait. Six filles d'honneur soutenaient la queue de son manteau ; elle s'appuyait sur deux autres ; ses gardes marchaient devant elle ; on portait un fauteuil de drap d'or, où elle s'assit ; en même temps on dressa le buffet. On lui servit un excellent souper au bord de la fontaine.

Fortunée se tenait dans un petit coin, n'osant remuer : au bout d'un moment, cette grande reine dit à l'un de ses écuyers : Il me semble que j'aperçois une bergère ; faites-la approcher. Aussitôt Fortunée s'avança, fit une profonde révérence à la reine, prit le bas de sa robe, qu'elle baisa ; puis elle se tint debout devant elle. Que faites-vous ici, la belle fille ? lui dit la reine ; ne craignez-vous point les voleurs ? Hélas ! Madame, dit Fortunée, je n'ai qu'un habit de toile. Vous n'êtes donc pas riche? reprit la reine en souriant. Je suis si pauvre, dit Fortunée, que je n'ai hérité de mon père que d'un pot d'œillets et un jonc d'argent. Mais vous avez un cœur, ajouta la reine; si quelqu'un voulait vous le prendre, voudriez vous le donner? Je ne sais ce que c'est que de donner mon cœur, Madame, répondit-elle. Mais dites-moi, continua la reine, avez-vous bien soupé? Non, Madame, dit Fortunée, mon frère a tout mangé. La reine commanda qu'on lui servît ce qu'il y avait de meilleur.

Je voudrais bien savoir, lui dit la reine, ce que vous venez faire si tard à la fontaine! Madame, répondit-elle, je venais querir de l'eau pour arroser mes œillets. En parlant ainsi, elle se baissa pour prendre sa cruche qui était auprès d'elle ; mais lorsqu'elle la montra à la reine, elle fut bien étonnée de la trouver d'or, toute couverte de gros diamans, et remplie d'une eau qui sentait admirablement bon. Elle n'osait l'emporter, craignant qu'elle ne fut pas à elle. Je vous la donne, Fortunée, dit la reine ; allez arroser vos fleurs, et souvenez-vous que la reine des bois veut être de vos amies.

À ces mots, la bergère se jeta à ses pieds. Madame, lui dit-elle, je vais vous querir la moitié de mon bien, c'est mon pot d'œillets ; il ne peut jamais être en meilleures mains que les vôtres. Allez, Fortunée, lui dit la reine.

Fortunée prit sa cruche d'or, et courut dans sa petite chambre ; mais pendant qu'elle en avait été absente, son frère Bedou avait pris le pot d'œillets, et mis à la place un grand chou. Quand Fortunée aperçut ce malheureux chou, elle tomba dans la dernière affliction, et elle se détermina à retourner à la fontaine. Se mettant à genoux devant la reine : Madame, lui dit-elle, Bedou m'a volé mon pot d'œillets, il ne me reste que mon jonc; je vous supplie de le recevoir. La reine prit le jonc de Fortunée, et le mit à son doigt; aussitôt elle monta dans un char magnifique. Fortunée retourna chez Bedou. La première chose qu'elle fit, en entrant dans sa chambre, ce fut de jeter le chou par la fenêtre. Mais elle fut bien étonnée d'entendre une voix qui criait : Ah ! je suis mort. Dès qu'il fut jour, Fortunée descendit pour chercher son pot d'œillets, et la première chose qu'elle trouva, ce fut le malheureux chou ; elle lui donna un coup de pied, en disant : Que faisais-tu dans ma chambre? Si l'on ne m'y avait pas porté, répondit le chou, je ne me serais pas avisé de ma tête d'y aller : elle frissonna ; mais le chou ajouta : Si vous voulez me reporter avec mes camarades, je vous dirai en deux mots que vos œillets sont dans la paillasse de Bedou. Fortunée replanta le chou, et ensuite elle prit la poule favorite de son frère, et lui dit : Méchante bête, je vais te faire payer tous les chagrins que Bedou me donne. Ah! bergère, dit la poule, laissez-moi vivre, et je vais vous apprendre des choses surprenantes.

Vous n'êtes pas fille du laboureur chez qui vous avez été nourrie ; la reine qui vous donna le jour avait déjà eu six filles ; son mari et son beau-père lui dirent qu'ils la poignarderaient, à moins qu'elle ne leur donnât un héritier.

La pauvre reine affligée devint grosse, on l'enferma dans un château, et l'on mit auprès d'elle des gardes, avec ordre de la tuer si elle avait encore une fille.

Cette princesse avait une sœur qui était fée, elle lui écrivit; la fée étant grosse, savait bien qu'elle aurait un fils. Lorsqu'elle fut accouchée, elle chargea les zéphirs d'une corbeille où elle enferma son fils bien proprement, et elle leur donna ordre qu'ils portassent le petit prince dans la chambre de la reine, afin de le changer contre la fille qu'elle aurait : cette prévoyance ne servit de rien, parce que la reine profita de la bonne volonté d'un de ses gardes, qui la sauva avec une échelle de cordes. Dès que vous fûtes venue au monde, la reine affligée, cherchant à se cacher, arriva dans cette maisonnette; j'étais laboureuse, dit la poule, et bonne nourrice : elle me chargea de vous, et me raconta ses malheurs, et elle mourut sans avoir le temps de nous ordonner ce que nous ferions de vous.

Comme j'ai aimé toute ma vie à causer, je n'ai pu m'empêcher de dire cette aventure à une belle dame : aussitôt elle me toucha d'une baguette, et je devins poule, sans pouvoir parler davantage : mon mari à son retour me chercha partout ; enfin il crut que j'étais noyée, ou que les bêtes des forêts m'avaient dévorée. Cette même dame passa une seconde fois par ici ; elle lui ordonna de vous appeler Fortunée, et lui fit présent d'un jonc d'argent et d'un pot d'œillets ; mais, comme elle était céans, il arriva vingt-cinq gardes du roi votre père, qui vous cherchaient avec de mauvaises intentions : elle dit quelques paroles, et les fit venir des choux verts, du nombre desquels est celui que vous jetâtes hier au soir par votre fenêtre.

La princesse demeura bien surprise des merveilles que la poule venait de lui raconter, et lui dit : Vous me faites grande pitié, ma pauvre nourrice; je voudrais fort vous rendre votre première figure, et elle alla chercher ses œillets.

Lorsqu'elle approcha de la paillasse de Bedou, elle vit tout d'un coup une quantité prodigieuse de rats. Fortunée n'osait s'approcher, car les rats se jetaient sur elle, la mordaient, et la mettaient en sang.

Elle s'avisa tout d'un coup, que peut-être cette eau si

parfumée qu'elle avait dans un vase d'or, aurait une vertu particulière; elle en jeta quelques gouttes sur le peuple souriquois, qui se sauva, et la princesse prit ses beaux œillets; elle versa dessus toute l'eau qui était dans le vase d'or; et elle les sentait avec beaucoup de plaisir, lorsqu'elle entendit une voix fort douce, qui sortait d'entre les branches et qui lui dit : « Incomparable Fortunée, voici le jour heureux et tant désiré de vous déclarer mes sentimens; sachez que le pouvoir de votre beauté est tel, qu'il peut rendre sensible jusqu'aux fleurs. »

Bedou arriva là dessus : quand il vit que Fortunée avait trouvé ses œillets, il la traîna jusqu'à sa porte, et la mit dehors. Elle y était à peine, qu'elle aperçut auprès d'elle la reine des bois. Vous avez un mauvais frère, dit-elle à

Fortunée, voulez-vous que je vous venge ? Non, Madame, lui dit-elle. Mais, ajouta la reine, j'ai un pressentiment qui m'assure que ce gros laboureur n'est pas votre frère. Toutes les apparences me persuadent qu'il l'est, Madame, répliqua modestement la bergère. Non, continua la reine : vous êtes princesse, et il n'a pas tenu à moi de vous garantir des disgraces que vous avez éprouvées jusqu'à cette heure.

Elle fut interrompue en cet endroit par l'arrivée d'un jeune adolescent plus beau que le jour ; il avait une couronne d'œillets, ses cheveux couvraient ses épaules. Aussitôt qu'il vit la reine, il la salua respectueusement. Ha ! mon fils, mon aimable œillet, lui dit-elle, le temps fatal de votre enchantement vient de finir, par le secours de la belle Fortunée. Elle le serra étroitement entre ses bras ; et se tournant ensuite vers la bergère : Charmante princesse, lui dit-elle, je sais tout ce que la poule vous a raconté : mais ce que vous ne savez point, c'est que les zéphirs que j'avais chargés de mettre mon fils à votre place, le portèrent dans un parterre de fleurs : pendant qu'ils allaient chercher votre mère qui était ma sœur, une fée avec laquelle je suis brouillée depuis long-temps, épia si bien le moment qu'elle avait prévu de la naissance de mon fils, qu'elle le changea sur le champ en œillet. Dans le chagrin où j'étais réduite, je ne trouvai point de remède plus assuré que d'apporter le prince œillet dans le lieu où vous étiez nourrie, devinant que lorsque vous auriez arrosé les fleurs de l'eau délicieuse que j'avais dans un vase d'or, il parlerait, il vous aimerait, et qu'à l'avenir rien ne troublerait votre repos. Ainsi, ma chère Fortunée, si mon fils vous épouse, votre félicité sera permanente ; voyez à présent si ce prince vous paraît assez aimable pour le recevoir pour époux. Madame, répliqua-t-elle, en rougissant, je reconnais tout ce que je vous dois. Mais, vous dirai-je mon incertitude ? je ne connais point son cœur, et je commence à sentir, pour la première fois de ma vie, que je ne pourrais être contente si le prince œillet ne m'aimait pas. N'ayez point d'incertitude là-dessus, belle princesse, lui dit le prince ; il y a long-temps que vous avez fait sur moi toute l'impression que vous y voulez faire à présent.

La reine, qui ne souffrait la princesse vêtue en bergère qu'avec impatience, la toucha, lui souhaitant les plus riches habits qui se fussent jamais vus.

Bedou, qui retournait à son travail, voyant Fortunée parée comme une déesse, l'appela avec beaucoup de bonté, et pria la reine d'avoir pitié de lui. Quoi ! après vous avoir si maltraitée? dit-elle. Ah! Madame, répliqua la princesse, je suis incapable de me venger. Pour vous contenter, ajouta la reine, je vais enrichir l'ingrat Bedou : sa chaumière devint un palais meublé et plein d'argent ; ses escabelles ne changèrent point de forme, non plus que sa paillasse, pour le faire souvenir de son premier état; mais la reine des bois lima son esprit ; elle lui donna de la politesse ; elle changea sa figure. Bedou se trouva capable de sentiments de reconnaissance.

Ensuite, par un coup de baguette, les choux devinrent des hommes, et la poule une femme : le prince œillet devint l'heureux époux de la princesse. La reine des bois, ravie d'un si heureux mariage, ne négligea rien pour que tout y fut somptueux ; cette fête dura plusieurs années, et le bonheur de ces tendres époux dura autant que leur vie.

La Barbe Bleue.

Il était une fois un homme qui avait de belles maisons à la ville et à la campagne ; de la vaisselle d'or et d'argent, des meubles en broderie et des carrosses tout dorés ; mais par malheur cet homme avait la barbe bleue : cela le rendait si laid et si terrible, qu'il n'était ni femme ni fille qui ne s'enfuit devant lui. Une de ses voisines, dame de qualité, avait deux filles parfaitement belles. Il lui en demanda une en mariage, en lui laissant le choix de celle qu'elle voudrait lui donner. Elles n'en voulaient point toutes deux, et se le renvoyèrent l'une à l'autre, ne pouvant se résoudre à épouser un homme qui eût la barbe bleue. Ce qui les dégoûtait encore, c'est qu'il avait déjà épousé plusieurs femmes, et qu'on ne savait ce que ces femmes étaient devenues. La Barbe bleue, pour faire connaissance, les mena avec leur mère et trois ou quatre de leurs meilleures amies et quelques jeunes gens du voisinage, à une de ses maisons de campagne, où on demeura huit jours entiers. Ce n'était que promenades, que parties de chasses et de pêches, que danses et festins, que collations : on ne dormait point, et on passait toute la nuit à se faire des malices les uns aux autres ; enfin tout alla si bien, que la cadette commença à trouver que le maître du logis n'avait plus la barbe si bleue, et que c'était un fort honnête homme. Dès qu'on fut de retour à la ville, le mariage se conclut. Au bout d'un mois, la Barbe bleue dit à sa femme qu'il était obligé de faire un voyage en province, de six semaines au moins, pour une affaire de conséquence ; qu'il la priait de se bien divertir pendant son absence ; qu'elle fît venir ses bonnes amies, qu'elle les menât à la campagne, si elle voulait, que partout elle fît bonne chère. Voilà, lui dit-il, les clefs des deux grands garde-meubles ; voilà celle de la vaisselle d'or et d'argent qui ne sert pas tous les jours ; voilà celles de mes coffres-forts, où est mon or et mon argent, celles de mes cassettes où sont mes pierreries ; et voilà le passe-partout de tous les appartements. Pour cette petite clef-ci, c'est la clef du cabinet au bout de la grande galerie de l'appartement bas : ouvrez tout, allez partout ; mais pour ce petit cabinet, je vous défends d'y entrer, et je vous le défends de telle sorte, que s'il vous arrive de l'ouvrir, il n'y a rien que vous ne deviez attendre de ma colère. Elle promit d'observer exactement tout ce qui lui venait d'être ordonné ; et lui, après l'avoir embrassée, monte dans son carrosse, et part pour son voyage. Les voisines et les bonnes amies n'attendirent pas qu'on les envoyât querir pour aller chez la jeune mariée, tant elles avaient d'impatience de voir toutes les richesses de sa maison, n'ayant osé y venir pendant que le mari y était, à cause de sa barbe bleue qui leur faisait peur. Les voilà aussitôt à parcourir les chambres, les cabinets, les garde-robes, toutes plus belles et plus riches les unes que les autres. Elles montèrent ensuite aux garde-meubles, où elles ne pouvaient assez admirer le nombre et la beauté des tapisseries, des lits, des sophas, des cabinets, des guéridons, des tables et des miroirs, où l'on se voyait depuis les pieds jusqu'à la tête, et dont les bordures, les unes de glaces, les autres d'argent et de vermeil doré, étaient les plus belles et les plus magnifiques qu'on eût jamais vues; elles ne cessaient d'exagérer et d'envier le bonheur de leur amie, qui cependant ne se divertissait point à voir toutes ces richesses, à cause de l'impatience qu'elle avait d'aller ouvrir le cabinet de l'appartement bas. Elle fut si pressée de sa curiosité, que, sans considérer qu'il était malhonnête de quitter sa compagnie, elle descendit par un escalier dérobé, et avec tant de précipitation, qu'elle pensa se rompre le cou deux ou trois fois. Étant arrivée à la porte du cabinet, elle s'y arrêta quelque temps, songeant à la défense que son mari lui avait faite, et considérant qu'il pourrait lui arriver malheur d'avoir été désobéissante ; mais la tentation était si forte ; qu'elle ne put la surmonter : elle prit donc la petite clef, et ouvrit en tremblant la porte du cabinet. D'abord elle ne vit rien, parce que les fenêtres étaient fermées ; après quelques moments, elle commença à voir que le plancher était tout couvert de sang caillé, dans lequel se miraient les corps de plusieurs femmes mortes et attachées le long des murs: c'étaient toutes les femmes que la Barbe bleue avait épousées, et qu'il avait égorgées l'une après l'autre. Elle pensa mourir de peur ; et la clef du cabinet, qu'elle venait de retirer de la serrure, lui tomba de la main. Après avoir un peu repris ses sens, elle ramassa la clef, referma la porte, et monta à sa chambre pour se remettre un peu ; mais elle n'en pouvait venir à bout, tant elle était émue. Ayant remarqué que la clef du cabinet était tachée de sang, elle l'essuya deux ou trois fois : mais le sang ne s'en allait point : elle eut beau la laver, et même la frotter avec du sable et avec du grès, il y demeura toujours du sang, car la clef était fée, et il n'y avait pas moyen de la nettoyer tout-à-fait : quand on ôtait le sang d'un côté, il revenait de l'autre. La Barbe bleue revint de son voyage dès le soir même, et dit qu'il avait reçu des lettres dans le chemin, qui lui avaient appris que l'affaire pour laquelle il était parti venait d'être terminée à son avantage. Sa femme fit tout ce qu'elle put pour lui témoigner qu'elle était ravie de son prompt retour. Le lendemain il lui redemanda les clefs, et elle les lui donna, mais d'une main si tremblante, qu'il devina sans peine tout ce qui s'était passé. D'où vient, lui dit-il, que la clef du cabinet n'est pas avec les autres? Il faut dit-elle, que je l'aie laissée là-haut sur ma table. — Ne manquez pas, dit la Barbe bleue, de me la donner tantôt. Après plusieurs remises, il fallut apporter la clef. La Barbe bleue l'ayant considérée, dit à sa femme: Pourquoi y a-t-il du sang sur cette clef? — Je n'en sais rien, répondit la pauvre femme, plus pâle que la mort. — Vous n'en savez rien reprit la Barbe bleue? Je le sais bien, moi. Vous avez voulu entrer dans le cabinet ? Eh bien ! Madame, vous y entrerez, et irez prendre votre place auprès des dames que vous y avez vues. Elle se jeta aux pieds de son mari, en pleurant et en lui demandant pardon, avec toutes les marques d'un vrai repentir de n'avoir pas été obéissante. Elle aurait attendri un rocher, belle et affligée comme elle était : mais la Barbe bleue avait un cœur plus dur qu'un rocher. Il faut mourir, Madame, lui dit-il, et tout-à-l'heure. — Puisqu'il faut mourir, répondit-elle en le regardant, les yeux baignés de larmes, donnez-moi un peu de temps pour prier Dieu. — Je vous donne un demi-quart-d'heure, reprit la Barbe bleue, mais pas un moment davantage. Lorsqu'elle fut seule, elle appela sa sœur, et lui dit : Ma sœur Anne, (car elle s'appelait ainsi), monte, je te prie, sur le haut de la tour, pour voir si mes frères ne viennent point: ils m'ont promis qu'ils me viendraient voir aujourd'hui ; et, si tu les vois, fais-leur signe de se hâter. La sœur Anne monta sur le haut de la tour ; et la pauvre affligée lui criait de temps en temps : *Anne, ma sœur Anne, ne vois-tu rien venir ?* Et la sœur Anne lui répondait : *Je ne vois rien que le soleil qui poudroie, et l'herbe qui verdoie.* Cependant la Barbe bleue, tenant un grand coutelas à sa main, criait de toute sa force : Descends vîte, ou je monterai là-haut. — Encore un moment, s'il vous plaît, lui répondit sa femme ; et aussitôt elle criait tout bas : *Anne, ma sœur Anne, ne vois tu rien venir ?* Et la sœur Anne répondait : *Je ne vois rien, que le soleil qui poudroie et l'herbe qui verdoie.* Descends donc vîte, criait la Barbe bleue, où je monterai là-haut. — Je m'en vais, répondit la femme; et puis elle criait *Anne, ma sœur Anne, ne vois-tu rien venir?* Je vois, répondit la sœur Anne, une grosse poussière qui vient de ce côté-ci. — Sont-ce mes frères. — Hélas! non, ma sœur; je vois un troupeau de moutons. — Ne veux-tu pas descendre, criait la Barbe bleue? — Encore un petit moment, répondit sa femme et puis elle criait : *Anne, ma sœur Anne, ne vois-tu rien venir?* Je vois, répondit-elle, deux cavaliers qui viennent de ce côté; mais ils sont bien loin encore. — Dieu soit loué! s'écria-t-elle un moment après, ce sont mes frères. — Je leur fais signe tant que je puis de se hâter. La Barbe bleue se mit à crier si fort que toute la maison en trembla. La pauvre femme descendit, et alla se jeter à ses pieds toute éplorée et toute échevelée. Cela ne sert de rien, dit la Barbe bleue, il faut mourir : puis la prenant d'une main par les cheveux, et de l'autre levant le coutelas en l'air, il allait lui abattre la tête. La pauvre femme se tournant vers lui, et le regardant avec des yeux mourans, le pria de lui donner un petit moment pour se recueillir. Non, non, dit-il, recommande-toi bien à Dieu; et levant son bras.... Dans ce moment, on heurta si fort à la porte, que la Barbe bleue s'arrêta tout court : on ouvrit, et aussitôt on vit entrer deux cavaliers qui, mettant l'épée à la main, coururent droit à Barbe bleue. Il reconnut que c'étaient les frères de sa femme, l'un dragon, et l'autre mousquetaire : de sorte qu'il s'enfuit aussitôt pour se sauver ; mais les deux frères le poursuivirent de si près, qu'ils l'attrapèrent avant qu'il pût gagner le perron. Ils lui passèrent leur épée au travers du corps, et le laissèrent mort. La pauvre femme était presque aussi morte que son mari, et n'avait pas la force de se lever pour embrasser ses frères. Il se trouva que la Barbe bleue n'avait point d'héritiers, et qu'ainsi sa femme demeura maîtresse de tous ses biens. Elle en employa une partie à marier sa jeune sœur Anne avec un jeune gentilhomme dont elle était aimée depuis longtemps ; une autre partie à acheter des charges de capitaines à ses deux frères ; et le reste à se marier elle-même à un fort honnête homme, qui lui fit oublier le mauvais temps qu'elle avait passé avec la Barbe bleue.

MORALITÉ.

La curiosité, malgré tous ses attraits,
 Coûte souvent bien des regrets,
On en voit tous les jours mille exemples paraître.
C'est, n'en déplaise au sexe, un plaisir bien léger :
 Dès qu'on le prend, il cesse d'être,
 Et toujours il coûte trop cher.

AUTRE MORALITÉ.

 Pour peu qu'on ait l'esprit sensé,
Et que du monde on sache le grimoire,
 On voit bientôt que cette histoire
 Est un conte du temps passé.
 Il n'est plus d'époux si terrible,

Ni qui demande l'impossible :
Fût-il mal content et jaloux,
Près de sa femme on le voit filer doux :
Et de quelque couleur que sa barbe puisse être,
On a peine à juger qui des deux est le maître.

Le petit Poucet.

Il était une fois un bucheron et une bucheronne qui avaient sept enfants, tous garçons ; l'aîné n'avait que dix ans, et le plus jeune n'en avait que sept. On s'étonnera que le bucheron ait eu tant d'enfans en si peu de temps ; mais c'est que sa femme allait vîte en besogne, et n'en faisait pas moins de deux à la fois. Ils étaient fort pauvres, et leur sept enfans les incommodaient beaucoup, parce qu'aucun d'eux ne pouvait encore gagner sa vie. Ce qui les chagrinait encore, c'est que le plus jeune était fort délicat, et ne disait mot, prenant pour bêtise ce qui était une marque de la bonté de son esprit. Il était fort petit, et quand il vint au monde, il n'était guère plus gros que le pouce ; ce qui fit qu'on l'appela le *petit Poucet*. Ce pauvre enfant était le souffre-douleurs de la maison, et on lui donnait toujours le tort. Cependant il était le plus fin et le plus avisé de tous ses frères, et s'il parlait peu, il écoutait beaucoup. Il vint une année très-fâcheuse, et la famine fut si grande, que ces pauvres gens résolurent de se défaire de leurs enfans.

Un soir que ces enfans étaient couchés, et que le bucheron était auprès du feu avec sa femme, il lui dit, le cœur serré de douleur : Tu vois bien que nous ne pouvons plus nourrir nos enfans : je ne saurais les voir mourir de faim devant mes yeux, et je suis résolu de les mener perdre demain au bois ; ce qui sera bien aisé : car, tandis qu'ils s'amuseront à fagoter, nous n'avons qu'à nous enfuir sans qu'ils nous voient. Ah ! s'écria la bucheronne, pourrais-tu bien toi-même mener perdre tes enfans ? Son mari avait beau lui représenter leur grande pauvreté, elle ne pouvait y consentir : elle était pauvre ; mais elle était leur mère. Cependant, ayant considéré quelle douleur ce lui ferait de les voir mourir de faim, elle y consentit, et alla se coucher en pleurant. Le petit Poucet ouït tout ce qu'ils dirent, car ayant entendu dedans son lit qu'ils parlaient d'affaires, il s'était levé doucement, et s'était glissé sous l'escabelle de son père, pour les écouter sans être vu. Il alla se recoucher, et ne dormit point du reste de la nuit, songeant à ce qu'il avait à faire. Il se leva de bon matin et alla au bord d'un ruisseau où il remplit ses poches de petits cailloux blancs, et ensuite revint à la maison. On partit, et le petit Poucet ne découvrit rien de tout ce qu'il savait à ses frères.

Ils allèrent dans une forêt fort épaisse, où, à dix pas de distance, on ne se voyait pas l'un et l'autre. Le bucheron se mit à couper du bois, et ses enfans à ramasser des broussailles pour faire des fagots. Le père et la mère les voyant occupés à travailler, s'éloignèrent d'eux insensiblement, et puis s'enfuirent tout-à-coup par un petit sentier détourné.

Lorsque ces enfants se virent seuls, ils se mirent à crier et à pleurer de toute leur force. Le petit Poucet les laissait crier, sachant bien par où il reviendrait à la maison; car, en marchant, il avait laissé tomber le long du chemin les petits cailloux blancs qu'il avait dans ses poches. Il leur dit donc : Ne craignez point, mes frères ; mon père et ma mère nous ont laissés ici, mais je vous remenerai bien au logis ; suivez-moi seulement. Ils le suivirent, et il les mena jusqu'à leur maison, par le même chemin qu'ils étaient venus dans la forêt. Ils n'osèrent d'abord entrer, mais ils se mirent tous contre la porte, pour écouter ce que disaient leur père et leur mère.

Dans le moment que le bucheron et la bucheronne

arrivèrent chez eux, le seigneur du village leur envoya dix écus qu'il leur devait, il y avait long-temps, et dont ils n'espéraíent plus rien. Cela leur redonna la vie, car les pauvres gens mourraient de faim. Le bucheron envoya sur l'heure sa femme à la boucherie. Comme il y avait long-temps qu'ils n'avaient mangé, elle acheta trois fois plus de viande qu'il n'en fallait pour le soupé de deux personnes. Lorsqu'ils furent rassasiés, la bucheronne dit : Hélas ! où sont maintenant nos pauvres enfants ! Ils feraient bonne chère de ce qui nous reste là ; mais aussi, Guillaume, c'est toi qui les a voulu perdre, j'avais bien dit que nous nous en repentirions : que font-ils maintenant dans cette forêt ? Hélas ! mon dieu, les loups les ont peut-être déja mangés : tu es bien inhumain d'avoir perdu ainsi tes enfants. Le bucheron s'impatienta à la fin ; car elle redit plus de vingt fois qu'il s'en repentirait, et qu'elle l'avait bien dit. Il la menaça de la battre, si elle ne se taisait. Ce n'est pas que le bucheron ne fût peut-être encore plus fâché que sa femme ; mais c'est qu'elle lui rompait la tête, et qu'il était de l'humeur de beaucoup d'autres gens qui aiment fort les femmes qui disent bien ; mais qui trouvent très-importunes celles qui ont toujours bien dit.

La bucheronne était toute en pleurs : Hélas ! où sont maintenant mes enfants, mes pauvres enfants ? elle le dit une fois si haut, que les enfants qui étaient à la porte, l'ayant entendue, se mirent à crier tous ensemble : Nous voilà ! nous voilà ! Elle courut vîte leur ouvrir la porte, et leur dit en les embrassant : Que je suis aise de vous revoir, mes chers enfants ! Vous êtes bien las, et vous avez bien faim : et toi Pierrot, comme te voilà crotté ! viens que je te débarbouille. Ce Pierrot était son fils aîné qu'elle aimait plus que tous les autres ; parce qu'il était un peu rousseau et qu'elle était un peu rousse. Ils se mirent à table, et mangèrent d'un appétit qui faisait plaisir au père et à la mère, à qui ils racontaient la peur qu'ils avaient eue dans la forêt, en parlant presque tous ensemble. Ces bonnes gens étaient ravis de revoir leurs enfants avec eux, et cette joie dura tant que les dix écus durèrent : mais lorsque l'argent fut dépensé, ils retombèrent dans leur premier chagrin, et résolurent de les perdre encore ; et, pour ne pas manquer le coup, de les mener bien plus loin que la première fois. Ils ne purent parler de cela si secrètement, qu'ils ne fussent entendus par le petit Poucet, qui fit son compte de sortir d'affaire comme il avait déjà fait : mais quoiqu'il se fut levé de bon matin pour aller ramasser de petits cailloux, il ne put en venir à bout, car il trouva la porte de la maison fermée à double tour. Il ne savait que faire, lorsque la bucheronne leur ayant donné à chacun un morceau de pain pour leur déjeûné, il songea qu'il pourrait se servir de son pain au lieu de cailloux, en le jetant par miettes le long des chemins où ils passeraient : il le serra donc dans sa poche. Le père et la mère les menèrent dans l'endroit de la forêt le plus épais et le plus obscur ; et dès qu'ils y furent, ils gagnèrent un faux-fuyant et les laissèrent là. Le petit Poucet ne s'en chagrina pas beaucoup, parce qu'il croyait retrouver aisément son chemin, par le moyen de son pain qu'il avait semé partout où il avait passé : mais il fut bien surpris lorsqu'il ne put en retrouver une seule miette ; les oiseaux étaient venus, qui avaient tout mangé. Les voilà donc bien affligés ; car plus ils s'enfonçaient dans la forêt, plus ils s'égaraient. La nuit vint, et il s'éleva un grand vent qui leur faisait des peurs épouvantables. Ils croyaient n'entendre de tous côtés que des hurlements de loups qui venaient à eux pour les manger. Ils n'osaient presque se parler ni tourner la tête. Il survint une grosse pluie qui les perça jusqu'aux os ; ils glissaient à chaque pas, tombaient dans la boue, d'où ils se relevaient tout crottés, ne sachant que faire de leurs mains. Le petit Poucet grimpa au haut d'un arbre pour voir s'il ne découvrirait rien : tournant la tête de tous côtés, il vit une petite lueur comme d'une chandelle, mais qui était bien loin par delà la forêt. Il descendit de l'arbre ; et lorsqu'il fut à terre, il ne vit plus rien : cela le désola. Cependant ayant marché quelque temps avec ses frères du côté qu'il avait vu la lumière, il la revit en sortant du bois. Ils arrivèrent enfin à la maison où était cette chandelle, non sans bien des frayeurs ; car souvent ils la perdaient de vue ; ce qui leur arrivait toutes les fois qu'ils descendaient dans quelques fonds. Ils heurtèrent à la porte, et une bonne femme vint leur ouvrir. Elle leur demanda ce qu'ils voulaient. Le petit Poucet lui-dit, qu'ils étaient de pauvres enfans qui s'étaient perdus dans la forêt, et qui demandaient à coucher par charité. Cette femme les voyant tous si jolis, se mit à pleurer, et leur dit : Hélas! mes pauvres enfans, où êtes-vous venus? Savez-vous bien que c'est ici la maison d'un Ogre, qui mange les petits enfants? Hélas! Madame, lui répondit le petit Poucet, qui tremblait de toute sa force aussi bien que ses frères, que ferons nous? Il est bien sûr que les loups de la forêt ne manqueront pas de nous manger cette nuit, si vous ne voulez pas nous retirer chez vous; et cela étant, nous aimons mieux que ce soit monsieur qui nous mange; peut-être qu'il aura pitié de nous si vous voulez bien l'en prier. La femme de l'Ogre, qui crut qu'elle pourrait les cacher à son mari jusqu'au lendemain matin, les laissa entrer, et les mena se chauffer auprès d'un bon feu; car il y avait un mouton tout entier à la broche pour le soupé de l'Ogre. Comme ils commençaient à se chauffer, ils entendirent heurter trois ou quatre grands coups à la porte ; c'était l'Ogre qui revenait. Aussitôt sa femme les fit cacher sous le lit, et alla ouvrir la porte. L'Ogre demanda d'abord si le soupé était prêt, et si on avait tiré du vin ; et aussitôt il se mit à table. Le mouton était encore tout sanglant ; mais il ne lui en sembla que meilleur. Il flairait à droite et à gauche, disant qu'il sentait la chair fraîche.

Il faut, lui dit sa femme, que ce soit ce veau que je viens d'habiller que vous sentiez. Je sens la chair fraîche, te dis-je encore une fois, reprit l'Ogre en regardant sa femme de travers, il y a ici quelque chose que je n'entends pas : en disant ces mots, il se leva de table et alla droit au lit. Ah ! dit-il ; voilà donc comme tu veux me tromper, maudite femme ! je ne sais à quoi il tient que je ne te mange aussi : bien t'en prend d'être une vieille bête. Voilà du gibier qui me vient bien à propos pour traiter trois Ogres de mes amis qui doivent me venir voir ces jours-ci. Il les tira de dessous le lit l'un après l'autre. Ces pauvres enfants se mirent à genoux en lui demandant pardon ; mais ils avaient affaire au plus cruel de tous les ogres, qui, bien loin d'avoir de la pitié les dévorait déjà des yeux, et disait à sa femme que ce seraient-là de friands morceaux, losqu'elle leur aurait fait une bonne sauce. Il alla prendre un grand couteau ; et en approchant de ces pauvres enfants, il l'aiguisait sur une longue pierre qu'il tenait à sa main gauche. Il en avait déja empoigné un, lorsque sa femme lui dit : Que voulez faire à l'heure qu'il est? N'aurez-vous pas assez de temps demain ? Tais-toi, reprit l'Ogre, ils en seront plus mortifiés. Mais vous avez encore tant de viande, reprit sa femme : voilà un veau, deux moutons et la moitié d'un cochon. Tu as raison, dit l'Ogre: donne-leur bien à souper, afin qu'ils ne maigrissent pas, et va les mener coucher. La bonne femme fut ravie de joie, et leur porta bien à souper ; mais ils ne purent manger, tant ils étaient saisis de peur. Pour l'Ogre, il se remit à boire ; ravi d'avoir de quoi si bien régaler ses amis. Il but une douzaine de coups plus qu'à l'ordinaire ; ce qui lui donna un peu dans la tête, et l'obligea de s'aller coucher.

L'Ogre avait sept filles qui n'étaient encore que des enfants. Ces petites ogresses avaient toutes le teint fort beau, parce qu'elles mangeaient de la chair fraîche, comme leur père ; mais elles avaient de petits yeux gris et tout ronds, le nez crochu, et une fort grande bouche, avec de longues dents fort aiguës et fort éloignées l'une de l'autre. Elles n'étaient pas encore fort méchantes ; mais elles promettaient beaucoup, car elles mordaient déjà les petits enfants pour en sucer le sang. On les avait fait coucher de bonne heure, et elles étaient toutes sept dans un grand lit, ayant chacune une couronne d'or sur la tête. Il y avait dans la même chambre un autre lit de la même grandeur : ce fut dans ce lit que la femme de l'Ogre mit coucher les sept petits garçons ;

après quoi elle alla se coucher auprès de son mari. Le petit Poucet, qui avait remarqué que les filles de l'Ogre avaient des couronnes d'or sur la tête, et qui craignait qu'il ne prît à l'Ogre quelques remords de ne les avoir pas égorgés dès le soir même, se leva vers le milieu de la nuit, et prenant les bonnets de ses frères et le sien, il alla tout doucement les mettre sur la tête des sept filles de l'Ogre, après leur avoir ôté leurs couronnes d'or qu'il mit sur la tête de ses frères et sur la sienne, afin que l'Ogre les prît pour ses filles, et ses filles pour les garçons qu'il voulait égorger. La chose réussit comme il l'avait pensé ; car l'Ogre, s'étant éveillé sur le minuit, eut regret d'avoir différé au lendemain ce qu'il pouvait exécuter la veille. Il se jeta donc brusquement hors du lit et prenant son grand couteau : Allons voir, dit-il, comment se portent nos petits drôles ; n'en faisons pas à deux fois. Il monta donc à tâtons à la chambre de ses filles, et s'approcha du lit où étaient les petits garçons, qui dormaient tous, excepté le petit Poucet, qui eût bien peur, lorsqu'il sentit la main de l'Ogre qui lui tâtait la tête, comme il avait tâté celle de tous ses frères. L'Ogre qui sentit les couronnes d'or : Vraiment, dit-il, j'allais faire là un bel ouvrage ; je vois bien que je bus trop hier au soir. Il alla ensuite au lit de ses filles, où ayant senti les petits bonnets des garçons: Ah ! les voilà, dit-il, nos gaillards ; travaillons hardiment. En disant ces mots, il coupa, sans balancer, la gorge à ses sept filles. Fort content de cette expédition, il alla se recoucher auprès de sa femme. Aussitôt que le petit Poucet entendit ronfler l'Ogre, il réveilla ses frères et leur dit de s'habiller promptement et de le suivre. Ils descendirent doucement dans le jardin et sautèrent par-dessus les murailles. Ils coururent presque toute la nuit, toujours en tremblant, et sans savoir où ils allaient. L'Ogre s'étant éveillé, dit à sa femme : Va-t-en là-haut habiller ces petits drôles d'hier au soir. L'Ogresse fut fort étonnée de la bonté de son mari, ne se doutant point de la manière qu'il entendait qu'elles les habillât, et croyant qu'il lui ordonnait de les aller vêtir, elle monta en haut, où elle fut bien surprise, lorsqu'elle aperçut ses sept filles égorgées et nageant dans leur sang. Elle commença par s'évanouir (car c'est le premier expédient que trouvent presque toutes les femmes en pareilles rencontres).

L'Ogre craignant que sa femme ne fût trop long-temps à faire la besogne dont il l'avait chargée, monta en haut pour lui aider. Il ne fut pas moins étonné que sa femme, lorsqu'il vit cet affreux spectacle. Ah! qu'ai-je fait là, s'écria-t-il? Ils me le payeront, les malheureux, et tout-à-l'heure. Il jeta aussitôt une potée d'eau dans le nez de sa femme; et, l'ayant fait revenir: Donne-moi vîte mes bottes de sept lieues, lui dit-il, afin que j'aille les attraper. Il se mit en campagne; et, après avoir couru de tous côtés, enfin il entra dans le chemin où marchaient ces pauvres enfants, qui n'étaient plus qu'à cent pas du logis de leur père. Ils virent l'Ogre qui allait de montagne en montagne, et qui traversait des rivières aussi aisément qu'il aurait fait le moindre ruisseau. Le petit Poucet, qui vit un rocher creux proche le lieu où ils étaient, y fit cacher ses six frères, et s'y fourra aussi, regardant toujours ce que l'Ogre deviendrait. L'Ogre, qui se trouvait fort las du long chemin qu'il avait fait inutilement (car les bottes de sept lieues fatiguent fort leur homme), voulut se reposer ; et, par hasard, il alla s'asseoir sur la roche où les petits garçons s'étaient cachés. Comme il n'en pouvait plus de fatigue, il s'endormit après s'être reposé quelque temps, et vint à ronfler si effroyablement, que les pauvres enfants n'en eurent pas moins de peur que quand il tenait son grand couteau pour leur couper la gorge. Le petit poucet en eut moins de peur, et dit à ses frères de s'enfuir promptement à la maison pendant que l'Ogre dormait bien fort, et qu'ils ne se missent point en peine de lui. Ils crurent son conseil, et gagnèrent vîte la maison. Le petit Poucet s'étant approché de l'Ogre, lui tira doucement ses bottes, et les mit aussitôt. Les bottes étaient fort grandes et fort larges: mais comme elles étaient Fées, elles avaient le don de s'agrandir et de s'apetiser selon la jambe de celui qui les chaussait; de sorte qu'elles se trouvèrent aussi justes à ses pieds et à ses jambes que si elles eussent été faites pour lui. Il alla droit à la maison de l'Ogre, où il trouva sa femme qui pleurait auprès de ses filles égorgées. Votre mari, lui dit le petit Poucet, est en grand danger; car il a été pris par une troupe de voleurs, qui ont juré de le tuer, s'il ne leur donne tout son or et tout son argent. Dans le moment qu'ils lui tenaient le poignard sur la gorge, il m'a aperçu, et m'a prié de vous venir avertir de l'état où il est, et de vous dire de me donner tout ce qu'il a vaillant, sans en rien retenir, parce qu'autrement ils le tueront sans miséricorde. Comme la chose presse beaucoup, il a voulu que je prisse ses bottes de sept lieues que voilà, pour faire diligence, et aussi afin que vous ne croyez pas que je sois un affronteur. La bonne femme, fort effrayée, lui donna aussitôt tout ce qu'elle avait; car cet Ogre ne laissait pas d'être fort bon mari, quoiqu'il mangeât les petits enfants. Le petit Poucet étant donc chargé de toutes les richesses de l'Ogre, s'en revint au logis de son père, où il fut reçu avec bien de la joie.

Il y a bien des gens qui ne demeurent pas d'accord de cette dernière circonstance, et qui prétendent que le petit Poucet n'a jamais fait ce vol à l'Ogre ; qu'à la vérité, il n'avait pas fait conscience de lui prendre ses bottes de sept lieues, parce qu'il ne s'en servait que pour courir après les petits enfants. Ces gens-là assurent le savoir de bonne part, et même pour avoir bu et mangé dans la maison du bucheron. Ils assurent que lorsque le petit poucet eut chaussé les bottes de l'Ogre, il s'en alla à la Cour, où il savait qu'on était fort en peine d'une armée qui était à deux cents lieues de-là, et du succès d'une bataille qu'on avait donnée. Il alla, disent-ils, trouver le roi, et lui dit que, s'il le souhaitait, il lui rapporterait des nouvelles de l'armée avant la fin du jour. Le roi lui promit une grosse somme d'argent, s'il en venait à bout. Le petit Poucet rapporta des nouvelles dès le soir même ; et cette première course l'ayant fait connaître, il gagnait tout ce qu'il voulait : car le roi le payait parfaitement pour porter ses ordres à l'armée, et une infinité de dames lui donnaient tout ce qu'il voulait pour avoir des nouvelles de leurs amants, et ce fut là son plus grand gain. Il se trouvait quelques femmes qui le chargeaient de lettres pour leurs maris ; mais elles le payaient si mal, et cela allait à si peu de chose, qu'il ne daignait pas mettre en ligne de compte ce qu'il gagnait de ce côté-là. Après avoir fait pendant quelque temps le métier de courier, et y avoir amassé beaucoup de bien, il revint chez son père, où il n'est pas possible d'imaginer la joie qu'on eut de le revoir. Il mit toute sa famille à son aise. Il acheta des offices de nouvelle création pour son père et pour ses frères; et par-là il les établit tous, et fit parfaitement bien sa cour en même temps.

MORALITÉ.

On ne s'afflige point d'avoir beaucoup d'enfants,
   Quand ils sont tous beaux, bien faits, et bien grands,
      Et d'un extérieur qui brille;

Petit Poucet.

Mais si l'un d'eux est faible, on ne dit mot ;
On le méprise, on le raille on le pille :
Quelquefois cependant c'est ce petit marmot
Qui fera le bonheur de toute la famille.

Cendrillon,
Ou la petite Pantoufle de verre.

Il était une fois un gentilhomme, qui épousa en secondes noces une femme, la plus hautaine et la plus fière qu'on eut jamais vue. Elle avait deux filles de son humeur, et qui lui ressemblaient en toutes choses. Le mari avait, de son côté, une jeune fille, mais d'une douceur et d'une bonté sans exemple : elle tenait cela de sa mère, qui était la meilleure personne du monde. Les noces ne furent pas plutôt faites, que la belle-mère fit éclater sa mauvaise humeur ; elle ne put souffrir les bonnes qualités de cette jeune enfant, qui rendaient ses filles encore plus haïssables. Elle la chargea des plus viles occupations de la maison : c'était elle qui nettoyait la vaisselle et les montées, qui frottait la chambre de madame, et celle de mesdemoiselles ses filles ; elle couchait tout au haut de la maison, dans un grenier, sur une méchante paillasse, pendant que ses sœurs étaient dans des chambres parquetées, où elles avaient des lits des plus à la mode, et des miroirs où elles se voyaient depuis les pieds jusqu'à la tête. La pauvre fille souffrait tout avec patience, et n'osait se plaindre à son père, qui l'aurait grondée, parce que sa femme le gouvernait entièrement. Lorsqu'elle avait fait son ouvrage, elle s'allait mettre au coin de la cheminée, et s'asseoir dans les cendres, ce qui faisait qu'on l'appelait communément dans le logis, *Cucendron*. La cadette qui n'était pas si malhonnête que son aînée, l'appelait *Cendrillon*. Cependant Cendrillon, avec ses méchants habits, ne laissait pas d'être cent fois plus belle que ses sœurs, quoique vêtues magnifiquement.

Il arriva que le fils du roi donna un bal, et qu'il en pria toutes les personnes de qualité. Nos deux demoiselles en furent aussi priées, car elles faisaient grande figure dans le pays. Les voilà bien aises, et bien occupées à choisir les habits et les coiffures qui leur siéraient le mieux. Nouvelle peine pour Cendrillon, car c'était elle qui repassait le linge de ses sœurs, et qui gaudronnait leurs manchettes. On ne parlait que de la manière dont on s'habillerait. Moi, dit l'aînée, je mettrai mon habit de velours rouge, et ma garniture d'Angleterre. Moi, dit la cadette, je n'aurai que ma jupe ordinaire ; mais, en récompense, je mettrai mon manteau à fleurs d'or et ma barrière de diamants, qui n'est pas des plus indifférentes. On envoya querir la bonne coiffeuse, pour dresser les cornettes à deux rangs, et on fit acheter des mouches de la bonne faiseuse. Elles appelèrent Cendrillon, pour lui demander son avis ; car elle avait le goût bon. Cendrillon les conseilla le mieux du monde, et s'offrit même à les coiffer ; ce qu'elles voulurent bien. En les coiffant, elles lui disaient : Cendrillon serais-tu bien aise d'aller au bal ! —Hélas ! mesdemoiselles , vous vous moquez de moi ; ce n'est pas là ce qu'il me faut.—Tu as raison : on rirait bien , si on voyait un Cucendron aller au bal.

Une autre que Cendrillon les aurait coiffées de travers; mais elle était bonne , et elle les coiffa parfaitement bien. Elles furent près de deux jours sans manger, tant elles étaient transportées de joie. On rompit plus de douze lacets à force de les serrer, pour leur rendre la taille plus menue ; et elles étaient toujours devant leur miroir. Enfin l'heureux jour arriva : on partit, et Cendrillon les suivit des yeux le plus long-temps qu'elle put. Lorsqu'elle ne les vit plus, elle se mit à pleurer. Sa marraine , qui la vit toute en pleurs, lui demanda ce qu'elle avait. Je voudrais bien... je voudrais bien... Elle pleurait si fort, qu'elle ne put achever. Sa marraine, qui était fée, lui dit : Tu voudrais bien aller au bal, n'est-ce pas ! Hélas ! oui, dit Cendrillon, en soupirant. Hé bien ! seras-tu bonne fille, dit sa marraine, je t'y ferai aller ? Elle la mena dans sa chambre, et lui dit : Vas dans le jardin, et apporte-moi une citrouille. Cendrillon alla aussitôt cueillir la plus belle qu'elle put trouver, et la porta à sa marraine, ne pouvant deviner comment cette citrouille la pourrait faire aller au bal. Sa marraine la creusa ; et, n'ayant laissé que l'écorce, la frappa de sa baguette, et la citrouille fut aussitôt changée en un beau carrosse tout doré. Ensuite, elle alla regarder dans sa souricière, où elle trouva six souris toutes en vie. Elle dit à Cendrillon de lever un peu la trappe de la souricière, et à chaque souris qui sortait, elle lui donnait un coup de sa baguette, et la souris était aussitôt changée en un beau cheval ; ce qui fit un bel attelage de six chevaux d'un beau gris de souris pommelé. Comme elle était en peine de quoi elle ferait un cocher, je vais voir, dit Cendrillon, s'il n'y a point quelque rat dans la ratière, nous en ferons un cocher. Tu as raison, dit sa marraine, va voir. Cendrillon lui apporta la ratière, où il y avait trois gros rats. La fée en prit un d'entre les trois, à cause de sa maîtresse barbe ; et, l'ayant touché, il fut changé en un gros cocher, qui avait une des plus belles moustaches qu'on ait jamais vues. Ensuite elle lui dit : Vas dans le jardin, tu y trouveras six lézards derrière l'arrosoir ; apporte-les-moi. Elle ne les eut pas plutôt apportés, que la marraine les changea en six laquais, qui montèrent aussitôt derrière le carrosse, avec leurs habits chamarrés, et qui s'y tenaient attachés comme s'ils n'eussent fait autre chose de toute leur vie. La fée dit alors à Cendrillon : Hé bien ! voilà de quoi aller au bal ; n'es-tu pas bien aise ? — Oui, mais est-ce que j'irai comme cela avec mes vilains habits ? Sa marraine ne fit que la toucher avec sa baguette, et en même temps ses habits furent changés en des habits de drap d'or et d'argent, tout chamarrés de pierreries : elle lui donna ensuite une paire de pantoufle de verre, les plus jolies du monde. Quand elle fut ainsi parée, elle monta en carrosse ; mais sa marraine lui recommanda sur toutes choses de ne pas passer minuit, l'avertissant que, si elle demeurait au bal un moment davantage, son carrose redeviendrait citrouille, ses chevaux des souris, ses laquais des lézards, et que ses vieux habits reprendraient leur première forme. Elle promit à sa marraine qu'elle ne manquerait pas de sortir du bal avant minuit. Elle part, ne se sentant pas de joie. Le fils du roi, qu'on alla avertir qu'il venait d'arriver une grande princesse qu'on ne connaissait point, courut la recevoir ; il lui donna la main à la descente du carrosse, et la mena dans la salle où était la compagnie. Il se fit alors un grand silence ; on cessa de danser, et les violons ne jouèrent plus, tant on était attentif à contempler les grandes beautés de cette inconnue. On n'entendait qu'un bruit confus : Ah! qu'elle est belle! Le roi même, tout vieux qu'il était, ne laissait pas de la regarder, et de dire tout bas à la reine qu'il y avait long-temps qu'il n'avait vu une si belle et si aimable personne. Toutes les dames étaient attentives à considérer sa coiffure et ses habits, pour en avoir, dès le lendemain, de semblables, pourvu qu'il se trouvât des étoffes assez belles et des ouvriers assez habiles. Le fils du roi la mit à la place la plus honorable, et ensuite la prit pour la mener danser. Elle dansa avec tant de grâce, qu'on l'admira encore davantage. On apporta une fort belle collation, dont le jeune prince ne mangea point, tant il était occupé à la considérer. Elle alla s'asseoir auprès de ses sœurs, et leur fit mille honnêteté : elle leur fit part des oranges et des citrons que le prince lui avait donnés ; ce qui les étonna fort, car elles ne la connaissaient point. Lorsqu'elles causaient ainsi, Cendrillon entendit sonner onze heures trois quarts ; elle fit aussitôt une grande révérence à la compagnie, et s'en alla le plus vîte qu'elle put. Dès qu'elle fut arrivée, elle alla trouver sa marraine ; et, après l'avoir remerciée, elle lui dit qu'elle souhaiterait bien aller encore le lendemain au bal, parce que le fils du roi l'en avait prié. Comme elle était occupée à raconter à sa marraine tout ce qui s'était passé au bal, les deux sœurs heurtèrent à la porte : Cendrillon leur alla ouvrir. Que vous êtes long-temps à revenir, leur dit-elle en bâillant, en se frottant les yeux, et en s'étendant, comme si elle n'eût fait que de se réveiller ! Elle n'avait cependant pas eu envie de dormir depuis qu'elles s'étaient quittées. Si tu étais venue au bal, lui dit une de ses sœurs, tu ne t'y serais pas ennuyée : il y est venu la plus belle princesse, la plus belle qu'on puisse jamais voir ; elle nous a fait mille civilités ; elle nous a donné des oranges et des citrons. Cendrillon ne se sentait pas de joie, elle leur demanda le nom de cette princesse ; mais elles lui répondirent qu'on ne la connaissait pas, que le fils du roi en était fort en peine, et qu'il donnerait toute chose au monde pour savoir qui elle était. Cendrillon sourit et leur dit : Elle était donc bien belle ? Mon Dieu, que vous êtes heureuses ! ne pourrais-je point la voir ? Hélas ! mademoiselle Javotte, prêtez-moi votre habit jaune que vous mettez tous les jours. Vraiment, dit mademoiselle Javotte, je suis de cet avis ! Prêtez votre habit à un vilain Cucendron comme cela ! il faudrait que je fusse bien folle. Cendrillon s'attendait bien à ce refus, et elle en fut bien aise, car elle aurait été grandement embarrassée, si sa sœur eût bien voulu lui prêter son habit. Le lendemain les deux sœurs furent au bal, et Cendrillon aussi ; mais encore plus parée que la première fois. Le fils du roi fut toujours auprès d'elle, et ne cessa de lui conter des douceurs. La jeune demoiselle ne s'ennuyait point, et oublia ce que sa marraine lui avait recommandé, de sorte qu'elle entendit sonner le premier coup de minuit, lorsqu'elle ne croyait pas qu'il fut encore onze heures : elle se leva, et s'enfuit aussi légèrement qu'aurait fait une biche.

Le prince la suivit; mais il ne put l'attraper. Elle laissa tomber une de ses pantoufles de verre, que le prince ramassa bien soigneusement. Cendrillon arriva chez elle bien essoufflée, sans carrosse, sans laquais, et avec ses méchants habits, rien ne lui étant resté de toute sa magnificence, qu'une de ses petites pantoufles, la pareille de celle qu'elle avait laissé tomber. On demanda aux gardes de la porte du palais s'ils n'avaient point vu sortir une princesse : ils dirent qu'ils n'avaient vu sortir personne qu'une jeune fille fort mal vêtue, et qui avait plus l'air d'une paysanne que d'une demoiselle. Quand les deux sœurs revinrent du bal, Cendrillon leur demanda si elles s'étaient encore bien diverties; et si la dame y avait été : elles lui dirent que oui; mais qu'elle s'était enfuie lorsque minuit avait sonné, et si promptement, qu'elle avait laissé tomber une de ses petites pantoufles de verre, la plus jolie du monde; que le fils du roi l'avait ramassée, et qu'il n'avait fait que la regarder tout le reste du bal, et qu'assurément il était fort amoureux de la belle personne à qui appartenait la petite pantoufle. Elles dirent vrai; car, peu de jours après, le fils du roi fit publier à son de trompe qu'il épouserait celle dont le pied serait bien juste à la pantoufle.

On commença à l'essayer aux princesses, ensuite aux duchesses et à toute la cour; mais inutilement. On la porta chez les deux sœurs, qui firent tout leur possible pour faire entrer leur pied dans la pantoufle;

mais elles ne purent en venir à bout. Cendrillon, qui les regardait, et qui reconnut sa pantoufle, dit en riant: Que je voie si elle ne me serait pas bonne. Ses sœurs se mirent à rire et à se moquer d'elle. Le gentilhomme qui faisait l'essai de la pantoufle ayant regardé attentivement Cendrillon, et la trouvant fort belle, dit que cela était très-juste, et qu'il avait ordre de l'essayer à toutes les filles. Il fit asseoir Cendrillon, et approchant la pantoufle de son petit pied, il vit qu'elle y entrait sans peine, et qu'elle y était juste comme de cire. L'étonnement des deux sœurs fut grand ; mais plus grand encore, quand Cendrillon tira de sa poche l'autre petite pantoufle, qu'elle mit à son pied. Là-dessus arriva la marraine, qui, ayant donné un coup de sa baguette sur les habits de Cendrillon, les fit devenir encore plus magnifiques que tous les autres.

Alors ses deux sœurs la reconnurent pour la belle personne qu'elles avaient vue au bal. Elles se jetèrent à ses pieds pour lui demander pardon de tous les mauvais traitements qu'elles lui avaient fait souffrir. Cendrillon les releva, et leur dit, en les embrassant, qu'elle leur pardonnait de bon cœur, et qu'elle les priait de l'aimer bien toujours. On la mena chez le jeune prince, parée comme elle était. Il la trouva encore plus belle que jamais, et, peu de jours après, il l'épousa. Cendrillon, qui était aussi bonne que belle, fit loger ses deux sœurs au palais, et les maria, dès le jour même, à deux grands seigneurs de la cour.

MORALITÉ.

La beauté pour le sexe est un rare trésor ;
De l'admirer jamais on ne se lasse.
Mais ce qu'on nomme bonne grâce,
Est sans prix, et vaut mieux encor.
C'est ce qu'à Cendrillon fit avoir sa marraine,
En la dressant, en l'instruisant
Tant et si bien qu'elle en fit une reine ;
Car ainsi sur ce conte on va moralisant.
Belles, ce don vaut mieux que d'être bien coiffées.
Pour engager un cœur, pour en venir à bout,
La bonne grâce est le vrai don des fées ;
Sans elle on ne peut rien, avec elle on peut tout.

AUTRE MORALITÉ.

C'est sans doute un grand avantage,
D'avoir de l'esprit, du courage,
De la naissance, du bon sens,
Et d'autres semblables talents,
Qu'on reçoit du ciel en partage :
Mais vous aurez beau les avoir,
Pour votre avancement ce seront choses vaines,
Si vous n'avez pour les faire valoir,
Ou des parrains ou des marraines.

Le Petit Chaperon rouge.

Il était une fois une petite fille de village, la plus jolie qu'on eût su voir : sa mère en était folle, et sa mère grand plus folle encore. Cette bonne femme lui fit faire un petit chaperon rouge qui lui seyait si bien, que partout on l'appelait *le petit Chaperon rouge*.

Un jour, sa mère ayant fait des galettes, lui dit : Va voir comment se porte ta mère-grand ; car on m'a dit qu'elle était malade : porte-lui une galette et ce petit pot de beurre. Le petit Chaperon rouge partit aussitôt pour aller chez sa mère-grand, qui demeurait dans un autre village. En passant dans un bois, elle rencontra compère le Loup, qui eut bien envie de la manger; mais il n'osa, à cause de quelques bûcherons qui étaient dans la forêt. Il lui demanda où elle allait? La pauvre enfant qui ne savait pas qu'il était dangereux de s'arrêter à écouter un loup, lui dit : Je vais voir ma mère-grand, et lui porter une galette avec un petit pot de beurre que ma mère lui envoie.—Demeure-t-elle bien loin, lui dit le Loup?—Oh oui, lui dit le petit Chaperon rouge; c'est par delà le moulin que vous voyez tout là-bas, là-bas, à la première maison du village.—Eh bien! dit le loup, je veux l'aller voir aussi; je m'y en vais par ce chemin-ci, et toi par ce chemin là, et nous verrons à qui plus tôt y sera. Le Loup se mit à courir de toute sa force par le chemin qui était le plus court ; et la petite fille s'en alla par le chemin le plus long, s'amusant à cueillir des noisettes, à courir après des papillons, et à faire des bouquets des petites fleurs qu'elle rencontrait. Le Loup ne fut pas long-temps à arriver à la maison de la mère-grand, il heurte, toc, toc. — Qui est-là ? C'est votre fille le petit Chaperon rouge, dit le Loup en contrefaisant sa voix, qui vous apporte une galette et un petit pot de beurre que ma mère vous envoie. La bonne mère-grand qui était dans son lit, à cause qu'elle se trouvait un peu mal, lui cria : Tire la chevillette, la bobinette cherra. Le Loup tira la chevillette, et la porte s'ouvrit. Il se jeta sur la bonne femme, et la dévora en moins de rien;

car il y avait plus de trois jours qu'il n'avait mangé. Ensuite il ferma la porte, et s'alla coucher dans le lit de la mère-grand, en attendant le petit chaperon rouge, qui, quelque temps après, vint heurter à la porte. Toc, toc.—Qui est là? Le petit Chaperon rouge, qui entendit la grosse voix du Loup, eut peur d'abord ; mais croyant que sa mère-grand était enrhumée, répondit : C'est votre fille, le petit Chaperon rouge, qui vous apporte une gallette et un petit pot de beurre que ma mère vous envoie. Le Loup lui cria, en adoucissant un peu sa voix : Tire la chevillette, la bobinette cherra. Le petit Chaperon rouge tira la chevillette, et la porte s'ouvrit. Le Loup la voyant entrer, lui dit en se cachant dans le lit, sous la couverture : Mets la galette et le petit pot de beurre sur la huche, et viens te coucher avec moi. Le petit Chaperon rouge se déshabille et va se mettre dans le lit, où elle fut bien étonnée de voir comment sa mère-grand était faite dans son déshabillé. Elle lui dit : Ma mère-grand que vous avez de grands bras ! — C'est pour mieux t'embrasser, ma fille. — Ma mère-grand, que vous avez de grandes jambes ! — C'est pour mieux courir, mon enfant. — Ma mère-grand, que vous avez de grandes oreilles ! — C'est pour mieux écouter, mon enfant ! — Ma mère grand, que vous avez de grands yeux ! — C'est pour mieux voir, mon enfant. — Ma mère-grand, que vous avez de grandes dents ? — C'est pour te manger. Et en disant ces mots, ce méchant Loup se jeta sur le petit Chaperon rouge, et la mangea.

MORALITÉ.

On voit ici que des jeunes enfants,
Surtout de jeunes filles,
Belles, bien faites et gentilles,
Font très-mal d'écouter toutes sortes de gens;
Et que ce n'est pas chose étrange,
S'il en est tant que le loup mange.
Je dis le loup, car tous les loups
Ne sont pas de la même sorte,
Il en est d'une humeur accorte,
Sans bruit, sans fiel et sans courroux,
Qui privés, complaisants et doux,

Le petit Chaperon rouge.

Suivent les jeunes demoiselles
Jusque dans les maisons, jusque dans les ruelles.
Mais hélas ! qui ne sait que ces loups doucereux
De tous les loups sont les plus dangereux ?

Le Chat Botté.

Un meûnier ne laissa pour tous biens à trois enfants qu'il avait, que son moulin, son âne et son chat. Les partages furent bientôt faits : ni le notaire, ni le procureur n'y furent point appelés ; ils auraient eu bientôt mangé tout le pauvre patrimoine. L'aîné eut le moulin, le second eut l'âne, et le plus jeune n'eut que le chat. Ce dernier ne pouvait se consoler d'avoir un si pauvre lot. Mes frères, disait-il, pourront gagner leur vie honnêtement en se mettant ensemble ; pour moi, lorsque j'aurai mangé mon chat, et que je me serai fait un manchon de sa peau, il faudra que je meure de faim. Le chat, qui entendait ce discours, mais qui n'en fit pas semblant, lui dit d'un air posé et sérieux : Ne vous affligez point, mon maître ; vous n'avez qu'à me donner un sac, et me faire faire une paire de bottes pour aller dans les broussailles, et vous verrez que vous n'êtes pas si mal partagé que vous croyez. Quoique le maître du chat ne fit pas grand fond là-dessus ; il lui avait vu faire tant de tours de souplesse pour prendre des rats et des souris, comme quand il se pendait par les pieds, ou qu'il se cachait dans la farine pour faire le mort, qu'il ne désespéra pas d'en être secouru dans sa misère. Lorsque le chat eut ce qu'il avait demandé, il se botta bravement, et mettant son sac à son cou, il en prit les cordons avec ses deux pattes de devant, et s'en alla dans une garenne où il y avait grand nombre de lapins. Il mit du son et des lacerons dans son sac, et s'étendant comme s'il eût été mort, il attendit que quelque jeune lapin, peu instruit des ruses de ce monde, vînt se fourrer dans son sac pour manger ce qu'il y avait mis. A peine fut-il couché, qu'il eut contentement ; un jeune étourdi de lapin entra dans son sac ; et le maître chat, tirant aussitôt les cordons, le prit, et le tua sans miséricorde. Tout glorieux de sa proie, il s'en alla chez le roi, et demanda à lui parler. On le fit monter à l'appartement de sa majesté, où étant entré, il fit une grande révérence au roi, et lui dit : Voilà, sire, un lapin de garenne que M. le marquis de Carabas (c'était le nom qu'il lui prit en gré de donner à son maître) m'a chargé de vous présenter de sa part. Dis à ton maître, répondit le roi, que je le remercie et qu'il me fait plaisir. Une autre fois, il alla se cacher dans un blé, tenant toujours son sac ouvert, et lorsque deux perdrix y furent entrées, il tira les cordons, et les prit toutes deux. Il alla ensuite les présenter au roi, comme il avait fait du lapin de garenne. Le roi reçut encore avec plaisir les deux perdrix, et lui fit donner pour boire. Le chat continua ainsi, pendant deux ou trois mois, de porter de temps en temps au roi du gibier de la chasse de son maître. Un jour qu'il sut que le roi devait aller à la promenade sur le bord de la rivière, avec sa fille, la plus belle princesse du monde, il dit à son maître : Si vous voulez suivre mon conseil, votre fortune est faite ; vous n'avez qu'à vous baigner dans la rivière, à l'endroit que je vous montrerai, et ensuite me laisser faire. Le marquis de Carabas fit ce que son chat lui conseillait, sans savoir à quoi cela serait bon. Dans le temps qu'il se baignait, le roi vint à passer ; et le chat se mit à crier de toute sa force : Au secours ! au secours ! voilà M. le marquis de Carabas qui se noie ! A ce cri, le roi mit la tête à la portière, et reconnaissant le chat qui lui avait apporté tant de fois du gibier, il ordonna à ses gardes qu'on allât vîte au secours de M. le marquis de Carabas. Pendant qu'on retirait le pauvre marquis de la rivière, le chat s'approchant du carrosse dit au roi que, dans le temps que son maître se baignait, il était venu des voleurs qui avaient emporté ses habits, quoiqu'il eût crié au voleur de toute sa force : le drôle les avait cachés sous une grosse pierre. Le roi ordonna aussitôt aux officiers de sa garde-robe d'aller querir un de ses plus beaux habits pour M. le marquis de Carabas. Le roi lui fit mille carresses ; et, comme les beaux habits qu'on venait de lui donner relevaient sa bonne mine (car il était beau et bien fait de sa personne), la fille du roi le trouva fort à son gré, et le marquis de Carabas ne lui eut pas plutôt jeté deux ou trois regards fort respectueux et un peu tendres, qu'elle en devint amoureuse à la folie. Le roi voulut qu'il montât dans son carrosse, et qu'il fut de la promenade. Le chat ravi de voir que son dessein commençait à réussir, prit les devants ; et ayant rencontré des paysans qui fauchaient un pré, il leur dit :

Bonnes gens, qui fauchez, si vous ne dites au roi que le pré que vous fauchez appartient à M. le marquis de Carabas, vous serez tous hachés menu comme chair à pâté. Le roi ne manqua pas à demander aux faucheurs à qui était ce pré qu'ils fauchaient : C'est à M. le marquis de Carabas, dirent-ils tous ensemble ; car la menace du chat leur avait fait peur. Vous avez là un bel héritage, dit le roi au marquis de Carabas. Vous voyez, sire, répondit le marquis, c'est un pré qui ne manque point de rapporter abondamment toutes les années. Le maître chat, qui allait toujours devant, rencontra des moissonneurs, et leur dit: *Bonnes gens qui moissonnez, si vous ne dites que tous ces blés appartiennent à M. le marquis de Carabas, vous serez tous hachés menu comme chair à pâté*. Le roi, qui passa un moment après, voulut savoir à qui appartenait tous les blés qu'il voyait : C'est à M. le marquis de Carabas, répondirent les moissonneurs, et le roi s'en réjouit encore avec le marquis. Le chat, qui allait devant le carrosse, disait toujours la même chose à tous ceux qu'il rencontrait ; et le roi était étonné des grands biens de M. le marquis de Carabas. Le maître chat arriva enfin dans un beau château, le maître était un Ogre le plus riche qu'on ait jamais vu ; car toutes les terres par où le roi avait passé était de la dépendance de ce château. Le chat eut soin de s'informer qui était cet Ogre, et ce qu'il savait faire, et demanda à lui parler, disant qu'il n'avait pas voulu passer si près de son château sans avoir l'honneur de lui faire la révérence. L'Ogre le reçut aussi civilement que le peut un Ogre, et le fit reposer. On m'a assuré, dit le chat, que vous aviez le don de vous changer en toutes sortes d'animaux ; que vous pouviez, par exemple, vous transformer en lion, en éléphant! Cela est vrai, répondit l'Ogre brusquement ; et pour vous le montrer vous m'allez voir devenir lion. Le chat fut si effrayé de voir un lion devant lui qu'il gagna aussitôt les gouttières non sans peine et sans péril, à cause de ses bottes qui ne valaient rien pour marcher sur les tuiles. Quelque temps après, le chat ayant vu que l'Ogre avait quitté sa première forme, descendit et avoua qu'il avait eu bien peur. On m'a assuré encore, dit le chat, mais je ne saurais le croire, que vous aviez aussi le pouvoir de prendre la forme des plus petits animaux ; par exemple , de vous changer en un rat , en une souris : je vous avoue que je tiens cela tout-à-fait impossible. Impossible, reprit l'Ogre ? vous allez voir ; et en même temps il se changea en une souris , qui se mit à courir sur le plancher. Le chat ne l'eut pas plutôt apperçue , qu'il se jetta dessus , et la mangea. Cependant le roi , qui vit en passant le beau château de l'Ogre , voulut entrer dedans. Le chat qui entendit le bruit du carrosse qui passait sur le pont-levis , courut au-devant , et dit au roi : Votre majesté soit la bienvenue dans le château de M. le marquis de Carabas. Comment, M. le marquis , s'écria le roi, ce château est encore à vous? Il ne se peut rien de plus beau que cette cour, et que tous ces bâtiments qui l'environnent : voyons les dedans, s'il vous plaît. Le marquis donna la main à la jeune princesse, et, suivant le roi qui montait le premier, ils entrèrent dans une grande salle, où ils trouvèrent une magnifique collation, que l'Ogre avait fait préparer pour ses amis qui le devaient venir voir ce même jour-là ; mais qui n'avaient pas osé entrer, sachant que le roi y était. Le roi, charmé des bonnes qualités de M. le marquis de Carabas, de même que sa fille qui en était folle, et voyant les grands biens qu'il possédait, lui dit, après avoir bu cinq ou six coups : Il ne tiendra qu'à vous, M. le marquis, que vous ne soyez mon gendre. Le marquis faisant des grandes révérences, accepta l'honneur que lui faisait le roi ; et dès le même jour il épousa la princesse. Le chat devint grand seigneur, et ne courut plus après les souris que pour se divertir.

MORALITÉ.

Quelque grand que soit l'avantage
De jouir d'un riche héritage
Venant à nous de père en fils;
Aux jeunes gens pour l'ordinaire,
L'industrie et le savoir-faire
Valent mieux que des biens acquis.

AUTRE MORALITÉ.

Si le fils d'un meûnier, avec tant de vîtesse,
    Gagne le cœur d'une princesse,
Et s'en fait regarder avec des yeux mourants;
C'est que l'habit, la mine et la jeunesse,
    Pour inspirer de la tendresse,
Ne sont pas des moyens toujours indifférents.

La Belle au bois dormant.

Il y avait une fois un roi et une reine, qui étaient si fâchés de n'avoir point d'enfants, si fâchés qu'on ne saurait dire. Ils allèrent à toutes les eaux du monde : vœux, pélérinage, tout fut mis en œuvre et rien n'y faisait. Enfin pourtant la reine devint grosse, et accoucha d'une fille. On fit un beau baptême ; on donna pour marraines à la petite princesse toutes les Fées qu'on put trouver dans le pays (il s'en trouva sept), afin que chacune d'elles lui faisant un don, comme c'était la coutume des Fées en ce temps-là, la princesse eût par ce moyen toutes les perfections imaginables. Après les cérémonies du baptême, toute la compagnie revint au palais du Roi, où il y avait un grand festin pour les Fées. On mit devant chacune d'elles un couvert magnifique, avec un étui d'or massif, où il y avait une cuiller, une fourchette et un couteau de fin or, garni de diamans et de rubis. Mais, comme chacun prenait sa place à table, on vit entrer une vieille Fée qu'on n'avait point priée, parce qu'il y avait plus de cinquante ans qu'elle n'était sortie d'une tour, et qu'on la croyait morte ou enchantée. Le roi lui fit donner un couvert; mais il n'y eut pas moyen de lui donner un étui d'or massif, comme aux autres, parce que l'on n'en avait fait faire que sept pour les sept Fées. La vieille crut qu'on la méprisait, et en grommela quelques menaces entre ses dents. Une des jeunes Fées, qui se trouva auprès d'elle, l'entendit; et jugeant qu'elle pourrait donner quelque fâcheux don à la petite princesse, alla, dès qu'on fut sorti de table, se cacher derrière la tapisserie, afin de parler la dernière, et de pouvoir réparer, autant qu'il lui serait possible, le mal que la vieille aurait fait. Cependant les Fées commencèrent à faire leur don à la princesse. La plus jeune lui donna pour don, qu'elle serait la plus belle personne du monde; celle d'après, qu'elle aurait de l'esprit comme un ange; la troisième, qu'elle aurait une grâce admirable à tout ce qu'elle ferait; la quatrième qu'elle danserait parfaitement bien; la cinquième, qu'elle chanterait comme un rossignol; et la sixième, qu'elle jouerait de toutes sortes d'instruments dans la dernière perfection. Le rang de la vieille Fée étant venu, elle dit en branlant la tête, avec plus de dépit que de vieillesse, que la princesse se percerait la main d'un fuseau, et qu'elle en mourrait. Ce terrible don fit frémir toute la compagnie, et il n'y eût personne qui ne pleurât. Dans ce moment la jeune Fée sortit de derrière la tapisserie et dit tout haut ces paroles : Rassurez-vous, roi et reine, votre fille n'en mourra pas; il est vrai que je n'ai pas assez de puissance, pour défaire entièrement tout ce que mon ancienne a fait : la princesse se percera la main d'un fuseau ; mais au lieu d'en mourir, elle tombera seulement dans un profond sommeil, qui durera cent ans, au bout desquels le fils d'un roi viendra la réveiller. Le roi, pour tâcher d'éviter le malheur annoncé par la vieille, fit publier aussitôt un édit, par lequel il défendait à toutes personnes de filer au fuseau, ni d'avoir des fuseaux chez soi, sous peine de la vie. Au bout de quinze ou seize ans, le roi et la reine étant allés à une de leurs maisons de plaisance, il arriva que la jeune princesse courant un jour dans le château, et montant de chambre en chambre, alla jusqu'au haut d'un donjon, dans un petit galetas où une bonne vieille était seule à filer sa quenouille. Cette bonne femme n'avait point ouï parler des défenses que le roi avait faites de filer au fuseau. Que faites-vous-là, ma bonne femme, dit la princesse ? Je file, ma belle enfant, lui répondit la vieille, qui ne la connaissait pas. Ah ! que cela est joli, reprit la princesse : comment faites-vous ? donnez-moi que je voie si j'en ferais bien autant. Elle n'eut pas plutôt pris le fuseau, que comme elle était fort vive, un peu étourdie, et que d'ailleurs l'arrêt des Fées l'ordonnait ainsi, elle s'en perça la main et tomba évanouie. La bonne vieille, bien embarrassée, crie au secours : on vient de tous côtés ; on jette de l'eau au visage de la princesse, on la délace, on lui frappe dans les mains, on lui frotte les tempes avec de l'eau de la reine d'Hongrie ; mais rien ne la faisait revenir. Alors le roi, qui était monté au bruit se souvint de la prédiction des Fées, et jugeant bien qu'il fallait que cela arrivât, puisque les Fées l'avaient dit, fit mettre la princesse dans le plus bel appartement du palais, sur un lit en broderie d'or et d'argent. On eût dit un ange, tant elle était belle ; car son évanouissement n'avait point ôté les couleurs vives de son teint : ses joues étaient incarnates, et ses lèvres comme du corail ; elle avait seulement les yeux fermés, mais on l'entendait respirer doucement ; ce qui faisait voir qu'elle n'était pas morte. Le roi ordonna qu'on la laissât dormir en repos, jusqu'à ce que son heure de se réveiller fut venue. La bonne Fée qui lui avait sauvé la vie, en la condamnant à dormir cent ans, était dans le royaume de Mataquin, à douze mille lieues de là, lorsque l'accident arriva à la princesse ; mais elle en fut avertie en un instant par un petit nain qui avait des bottes de sept lieues (c'était des bottes avec lesquelles on faisait sept lieues d'une seule enjambée). La Fée partit aussitôt, et on la vit au bout d'une heure arriver dans un chariot tout de feu, traîné par des dragons. Le roi lui alla présenter la main à la descente du chariot. Elle approuva tout ce qu'il avait fait; mais comme elle était grandement prévoyante, elle pensa que quand la princesse viendrait à se réveiller, elle serait bien embarrassée toute seule dans ce vieux château : voici ce qu'elle fit. Elle toucha de sa baguette tout ce qui était dans ce château (hors le roi et la reine), gouvernantes, filles d'honneur, femmes-de-chambre, gentilshommes, officiers, maîtres-d'hôtel, cuisiniers, marmitons, galopins, gardes, suisses, pages, valets-de-pied ; elle toucha aussi tous les chevaux qui étaient dans les écuries, avec les palefreniers, les gros mâtins de basse-cour, et la petite *Poufflé*, petite chienne de la princesse, qui était auprès d'elle sur son lit. Dès qu'elle les eut touchés, ils s'endormirent tous, pour ne se réveiller qu'en même temps que leur maîtresse, afin d'être tout prêts à la servir quand elle en aurait besoin. Les broches mêmes qui étaient au feu, toutes pleines de perdrix et de faisans, s'endormirent, et le feu aussi. Tout cela se fit en un moment : les Fées n'étaient pas longues à leur besogne. Alors le roi et la reine, après avoir baisé leur cher enfant sans qu'elle s'éveillât, sortirent du château, et firent publier des défenses à qui que ce soit d'en approcher. Ces défenses n'étaient pas nécessaires ; car il crût dans un quart-d'heure tout autour du parc une si grande quantité de grands arbres et de petits, de ronces et d'épines entrelacées les unes dans les autres, que bête ni homme n'y aurait pu passer; en sorte qu'on ne voyait plus que le haut des tours du château, encore n'était-ce que de bien loin. On ne douta point que la Fée n'eût encore fait là un tour de son métier, afin que la princesse, pendant qu'elle dormirait, n'eût rien à craindre des curieux.

Au bout de cent ans, le fils du roi qui régnait alors, et qui était d'une autre famille que la princesse endormie, étant allé à la chasse de ce côté-là, demanda ce que c'était que des tours qu'il voyait au-dessus d'un grand bois fort épais. Chacun lui répondit selon qu'il en avait ouï parler : les uns disaient que c'était un vieux château où il revenait des esprits ; les autres que tous les sorciers de la contrée y faisaient leur sabbat. La plus commune opinion était qu'un ogre y demeurait, et que là il emportait tous les enfants qu'il pouvait attraper, pour les pouvoir manger à son aise, et sans qu'on le pût suivre, ayant seul le pouvoir de se faire un passage au travers du bois. Le prince ne savait qu'en croire, lorsqu'un vieux paysan prit la parole, et lui dit : Mon prince, il y a plus de cinquante ans que j'ai entendu dire à mon père, qu'il y avait dans ce château une princesse, la plus belle qu'on eût su voir ; qu'elle y devait dormir cent ans, et qu'elle serait réveillée par le fils d'un roi à qui elle était réservée. Le jeune prince, à ce discours, se sentit tout de feu ; il crut, sans balancer, qu'il mettrait fin à une si belle aventure ; et, poussé par l'amour et par la gloire, il résolut de voir sur-le-champ ce qui en était. A peine s'avança-t-il vers le bois, que tous ces grands arbres, ces ronces et ces épines s'écartèrent d'eux-mêmes pour le laisser passer. Il marcha vers le château qu'il voyait au bout d'une grande avenue où il entra ; et, ce qui le surprit un peu, il vit que personne de ses gens ne l'avait pu suivre, parce que les arbres s'étaient rapprochés dès qu'il avait été passé. Il ne laissa pas de continuer son chemin : un prince jeune et amoureux est toujours vaillant. Il entra dans une grande avant-cour, où tout ce qu'il vit d'abord était capable de le glacer de crainte. C'était un silence affreux ; l'image de la mort s'y présentait partout ; et ce n'étaient que des corps étendus d'hommes et d'animaux qui paraissaient morts. Il reconnut pourtant bien aux nez bourgeonnés et à la face vermeille des suisses, qu'ils n'étaient qu'endormis ; et leurs tasses, où il y avait encore quelques gouttes de vin, montraient assez qu'ils s'étaient endormis en buvant. Il passa une grande cour pavée de marbre : il monte l'escalier ; il entre dans la salle des gardes qui étaient rangés en haie, la carabine sur l'épaule, et ronflant de leurs mieux. Il traverse plusieurs chambres pleines de gentilshommes et de dames, dormant tous, les uns debout, les autres assis. Il entre dans une chambre toute dorée : et il vit sur un lit, dont les rideaux étaient ouverts de tous côtés, le plus beau spectacle qu'il eût jamais vu : une princesse qui paraissait avoir quinze ou seize ans, et dont l'éclat resplendissant avait quelque chose de lumineux et de divin. Il s'approcha en tremblant et en admirant, et se mit à genoux auprès d'elle. Alors, comme la fin de l'enchantement était venue, la princesse s'éveilla : et le regardant avec des yeux plus tendres qu'une première vue ne semblait le permettre : Est-ce vous, mon prince, lui dit-elle ? vous vous êtes bien fait attendre. Le prince, charmé de ces paroles, et plus encore de la manière dont elles étaient dites, ne savait comment lui témoigner sa joie et sa reconnaissance ; il l'assura qu'il l'aimait plus que lui-même. Ses discours furent mal rangés, ils en plurent davantage : un peu d'éloquence, beaucoup d'amour. Il était plus embarrassé qu'elle, et l'on ne doit pas s'en étonner : elle avait eu le temps de songer à ce qu'elle aurait à lui dire ; car il y a apparence (l'histoire n'en dit pourtant rien), que la bonne Fée pendant un si long sommeil, lui avait procuré le plaisir des songes agréables, enfin il y avait quatre heures qu'ils se parlaient, et ils ne s'étaient pas encore dit la moitié des choses qu'ils avaient à se dire.

Cependant tout le palais s'était réveillé avec la princesse : chacun songeait à faire sa charge ; et, comme ils n'étaient pas tous amoureux, ils mouraient de faim. La dame d'honneur, pressée comme les autres, s'impatienta, et dit tout haut à la princesse que la viande était servie. Le prince aida la princesse à se relever : elle était toute habillée, et fort magnifiquement ; mais il se garda bien de lui dire qu'elle était habillée comme ma mère-grand, et qu'elle avait un collet monté : elle n'en était pas moins belle. Ils passèrent dans un salon de miroirs, et y soupèrent servis par les officiers de la princesse.

Les violons et les hautbois jouèrent de vieilles pièces, mais excellentes, quoiqu'il y eut près de cent ans qu'on ne les jouât plus, et après souper, sans perdre de temps, le grand aumônier les maria dans la chapelle du château, et la dame d'honneur leur tira le rideau. Ils dormirent peu : la princesse n'en avait pas grand besoin ; et le prince la quitta dès le matin pour retourner à la ville, où son père devait être en peine de lui. Le prince lui dit qu'en chassant il s'était perdu dans la forêt, et qu'il avait couché dans la huche d'un charbonnier, qui lui avait fait manger du pain noir et du fromage. Le roi son père, qui était bon homme, le crut ; mais sa mère n'en fut pas bien persuadée ; et voyant qu'il allait presque tous les jours à la chasse, et qu'il avait toujours une raison en main pour s'excuser, quand il avait couché deux ou trois nuits dehors, elle ne douta plus qu'il n'eut quelque amourette ; car il vécut avec la princesse plus de deux ans entiers, et en eut deux enfants, dont le premier, qui était une fille, fut nommée l'*Aurore*, et le second, un fils, qu'on nomma le *Jour*, parce qu'il paraissait encore plus beau que sa sœur. La reine dit plusieurs fois à son fils, pour le faire expliquer, qu'il fallait se contenter dans la vie ; mais il n'osa jamais se fier à elle de son secret : il la craignait, quoiqu'il l'aimât ; car elle était de la race Ogresse, et le roi ne l'avait épousé qu'à cause de ses grands biens. On disait même tout bas à la cour, qu'elle avait les inclinations des Ogres, et qu'en voyant passer de petits enfants, elle avait toutes les peines du monde à se retenir de se jeter sur eux : ainsi le prince ne voulut jamais rien dire. Mais quand le roi fut mort, ce qui arriva au bout de deux ans, et qu'il se vit le maître, il déclara publiquement son mariage, et alla, en grande cérémonie, querir la reine, sa femme, dans son château. On lui fit une entrée magnifique dans la ville capitale, où elle entra au milieu de ses deux enfants. Quelque temps après, le roi alla faire la guerre à l'empereur Cantalabutte, son voisin. Il laissa la régence du royaume à la reine sa mère, et lui recommanda fort sa femme et ses enfants. Il devait être à la guerre tout l'été; et dès qu'il fut parti, la reine-mère envoya sa bru et ses enfants à une maison de campagne dans les bois, pour pouvoir plus aisément assouvir son horrible envie. Elle y alla quelques jours après, et dit un soir à son maître-d'hôtel : Je veux manger demain à mon dîner la petite Aurore. Ah ! madame, dit le maître-d'hôtel. Je le veux, dit la reine (et elle le dit d'un ton d'Ogresse qui a envie de manger de la chair fraîche), et je la veux manger à la sauce Robert. Ce pauvre homme, voyant bien qu'il ne fallait pas se jouer à une Ogresse, prit son grand couteau, et monta à la chambre de la petite Aurore : elle avait pour lors quatre ans, et vint en sautant et en riant se jeter à son cou, et lui demander du bonbon. Il se mit à pleurer ; le couteau lui tomba des mains ; et il alla dans la basse-cour couper la gorge à un petit agneau, et lui fit une si bonne sauce, que sa maîtresse l'assura qu'elle n'avait jamais rien mangé de si bon. Il avait emporté en même temps la petite Aurore, et l'avait donnée à sa femme, pour la cacher dans le logement qu'elle avait au fond de la basse-cour. Huit jours après, la méchante reine dit à son maître-d'hôtel : Je veux manger à mon souper le petit Jour. Il ne répliqua pas, résolu de la tromper comme l'autre fois. Il alla chercher le petit Jour, et le trouva avec un petit fleuret à la main, dont il faisait des armes avec un gros singe : il n'avait pourtant que trois ans. Il le porta à sa femme qui le cacha avec la petite Aurore, et donna à la place du petit Jour, un petit chevreau fort tendre, que l'Ogresse trouva admirablement bon.

Cela était fort bien allé jusque-là ; mais, un soir cette méchante reine dit au maître-d'hôtel : Je veux manger la reine à la même sauce que ses enfants. Ce fut alors que le pauvre maître-d'hôtel désespéra de la pouvoir encore tromper. La jeune reine avait vingt ans passés, sans compter les cent ans qu'elle avait dormi : sa peau était un peu dure, quoique belle et blanche ; et le moyen de trouver dans la ménagerie une bête aussi dure que cela ! Il prit la résolution, pour sauver sa vie, de couper la gorge à la reine, et monta dans sa chambre, dans l'intention de n'en pas faire à deux fois. Il s'excitait à la fureur, et entra le poignard à la main dans la chambre de la jeune reine: il ne voulut pourtant point la surprendre, et lui dit avec beaucoup de respect l'ordre qu'il avait reçu de la reine-mère. Faites, faites, lui dit-elle, en lui tendant le cou, exécutez l'ordre qu'on vous a donné; j'irai revoir mes enfants, mes pauvres enfants que j'ai tant aimés : elle les croyait morts depuis qu'on les avait enlevés sans lui rien dire. Non, non madame, lui répondit le pauvre maître-d'hotel tout attendri, vous ne mourrez point, et vous ne laisserez pas d'aller revoir vos enfants ; mais ce sera chez moi, où je les ai cachés, et je tromperai encore la reine, en lui faisant manger une jeune biche en votre place. Il la mena aussitôt à sa chambre, où, la laissant embrasser ses enfants et pleurer avec eux, il alla accommoder une biche que la reine mangea à son souper, avec le même appétit que si c'eût été la jeune reine. Elle était bien contente de sa cruauté ; et elle se préparait à dire au roi, à son retour, que les loups enragés avaient mangé la reine, sa femme, et ses deux enfants.

Un soir qu'elle rodait à son ordinaire dans les cours et basse-cours du chateau, pour y halener quelque viande fraîche, elle entendit dans une salle basse le petit Jour qui pleurait, parce que la reine, sa mère, le voulait faire fouetter, à cause qu'il avait été méchant; elle entendit aussi la petite Aurore qui demandait pardon pour son frère. L'Ogresse reconnut la voix de la reine et de ses enfants; et furieuse d'avoir été trompée, elle commande dès le lendemain au matin, avec une voix épouvantable qui faisait trembler tout le monde, qu'on apportât au milieu de la cour une grande cuve, qu'elle fit remplir de crapauds, de vipères, de couleuvres et de serpents, pour y faire jeter la reine et ses enfants, le maître-d'hotel, la femme et sa servante : elle avait donné ordre de les amener les mains liées derrière le dos. Ils étaient là, et les bourreaux se préparaient à les jeter dans la cuve, lorsque le roi, qu'on n'attendait pas sitôt, entra dans la cour à cheval; il était venu en poste, et demanda tout étonné ce que voulait dire cet horrible spectacle. Personne n'osait l'en instruire, quand l'Ogresse, enragée de voir ce qu'elle voyait, se jeta elle-même, la tête la première dans la cuve, et fut dévorée en un instant par les vilaines bêtes qu'elle y avait fait mettre. Le roi ne laissa pas d'en être fâché : elle était sa mère ; mais il s'en consola bientôt avec sa belle femme et ses enfants.

MORALITÉ.

Attendre quelque temps pour avoir un époux
    Riche, bien fait, galant et doux,
    La chose est assez naturelle ;
Mais l'attendre cent ans, et toujours en dormant,
    On ne trouve plus de femelle
    Qui dormît si tranquillement.
La fable semble encor vouloir nous faire entendre,
Que souvent de l'hymen les agréables nœuds,
Pour être différés n'en sont pas moins heureux,
    Et qu'on ne perd rien pour attendre ;
    Mais le sexe avec tant d'ardeur
    Aspire à la foi conjugale,
Que je n'ai pas la force, ni le cœur
    De lui prêcher cette morale.

F I N.

Table

Des Contes renfermés dans ce volume.

La bonne petite Souris. Page 5	Le Petit Poucet. 110
Les Fées. 28	Cendrillon, ou la petite pantoufle de verre. 137
La Belle aux Cheveux d'or. 35	
Riquet à la Houpe. 57	Le Petit Chaperon rouge. 156
Fortunée. 77	Le Chat botté. 163
La Barbe Bleue. 95	La Belle au bois dormant. 175

FIN DE LA TABLE.

Lightning Source UK Ltd
Milton Keynes UK
UKHW022234171221
395825UK00005B/391